Renward Brandstetter

Das schweizerdeutsche Lehngut

Verone

Renward Brandstetter

Das schweizerdeutsche Lehngut

1st Edition | ISBN: 978-9-92500-069-2

Place of Publication: Nikosia, Cyprus

Erscheinungsjahr: 2016

TP Verone Publishing House Ltd.

Nachdruck des Originals von 1905.

Einführung.

1. Die vorliegende Abhandlung über das schweizerdeutsche Lehngut im Romontschen zerfällt in zwei Hauptteile, einen allgemeinen und einen speziellen. Jener legt das Fundament, dieser errichtet das Gebäude; jener stellt die Gesetze auf, dieser wendet sie an; jener bewegt sich mehr in abstrakten Erörterungen, dieser beschäftigt sich mehr mit konkreten Einzelfällen.

2. Der **allgemeine Teil** nennt zuerst das Thema, grenzt es nach allen Seiten ab und motiviert dessen Wahl. Aber nicht nur die Vorführung des Themas hat der Verfasser zu rechtfertigen, sondern auch sein Eingreifen in die rätoromanische Sprachforschung, er muss uns mit seiner Vorbildung bekannt machen. Weiter folgt die Aufzählung und Würdigung der Quellen, Vorarbeiten und sonstigen litterarischen Hilfsmittel. Wissen wir nun, wo das Material zu finden ist, so müssen wir auch vernehmen, wie es gehoben werden kann; dabei werden auch allerlei Schwierigkeiten und Unsicherheiten besprochen, die sich bei dieser Tätigkeit einstellen können. Daran knüpft sich eine kurze Charakterisierung dieser interessanten sprachlichen Erscheinung, der Aufnahme des schweizerdeutschen Lehnguts ins Romontsche, wobei besonders das Wie und das Wieviel der Entlehnung zur Sprache kommt. Den Schluss bilden allerlei Einzelfragen, die zu dem Thema in engerer oder loserer Beziehung stehen, so zeigt z. B. der Verfasser, wie die vorliegende Studie auch für anderweitige Forschungen fruchtbar gemacht werden kann.

3. Der **spezielle Teil** baut einmal verschiedene Gedanken, die im ersten Teil bloss andeutungsweise vorgeführt werden konnten, weiter aus, nämlich die Vorbringungen über primäres und sekundäres Sprachgut, über Chronologisches und Sprachgeographisches. Dann untersucht er an der Hand der dort gefundenen Normen die ganze Masse des schweizerdeutschen Lehngutes auf allen Einzelgebieten des Sprachbaus, auf dem Gebiet des Lexikons, des Laut-, des Formenschatzes, der Syntax und aller übrigen Aeusserungen des Sprachlebens.

Abkürzungen und Transskription.

4. M = Mundart, mundartlich.
  Rm = Romanisch.
  RtRm = Rätoromanisch.
  Rmtsch = Romontsch.
  Lad = Ladinisch.
  SchwD = Schweizerdeutsch.
  GrB = Graubünden, graubündnerisch.
  OSax = Die Mundart von Obersaxen.
  Idt = Das schweizerische Idiotikon.
  DecChr = Rätoromanische Chrestomathie, von C. Decurtins.
  VHu = Der Vokalismus der Mundart von Disentis, von J. Huonder.

Alle andern Abkürzungen wie Gartner, Annalas etc. verstehen sich nach § 16—21 von selber.

5. Ueber die Transskription genügt vorläufig folgendes:
Im **Rmtsch** werden die beiden Gutturallaute mit *c* und *g*, vor weichen Vokalen aber mit *ch* und *gh* bezeichnet. *g* vor weichen Vokalen und *tg* sind die Palatallaute, Gartner, Einleitung S. XVII bis XIX. *c* vor weichen Vokalen ist *ts*, z. B. in *lonci* „weich". *gl* und *gn* sind mouilliertes *l* und *n*. *sch* wird wie im Deutschen gesprochen, ist aber bald stimmhaft, bald stimmlos. *s* vor Konsonanten ist Schreibung für *sch*, z. B. in *lesti* „listig". Doch treffe ich auch *schgnuflar*

neben *sgnuflar* „schnüffeln" etc. — Dieses ist die heute gewöhnliche Orthographie in Rmtsch Drucken. Meine Zitate stammen nun allerdings aus verschiedenen Zeiten und MM, und ich ändere an der Orthographie derselben nichts, der Leser soll sich also nicht daran stossen, wenn er für *gughiar* „wagen" etwa auch *gugiar* trifft. — Der Akzent der RtRm Wörter ist noch meist der lateinische, daher ist *casti* „Schloss" auf der letzten Silbe betont, wegen lat. *castéllum*.

Ueber die Schreibung des **SchwD** Materials folgt Einlässlicheres § 81 ff. Vorläufig genügt folgendes: Meine Schreibung ist ungefähr die, welche das Idt in seinen Beispielsätzen anwendet. In den Verbindungen *st* und *sp* lautet *s* immer wie *sch*. Mit *gg* wird die reine Fortis der Gutturalen bezeichnet, während *k* eher für *k* ⊦ *ch* verwendet wird. Als Auslaut von Bildungssilben wird *n* in den meisten SchwD MM nur gesprochen, wenn ein Vokal darauf folgt, ich bezeichne das so, indem ich z. B. *Garte-n* schreibe.

Allgemeiner Teil.

Allgemeine Orientierung über das Thema.

6. Das Rmtsch hat aus verschiedenen germanischen Idiomen Lehngut aufgenommen:

A. Wir finden einmal im Rmtsch solches Lehngut, das in alle oder wenigstens in mehrere Rm Idiome gedrungen ist und dessen Aufnahme in **sehr früher Zeit** vor sich gegangen sein muss, siehe Gartner § 8 ff. Hieher gehört *albiert* „Herberge". Die SchwD MM sagen *Herberig*, *Heberig*, *Herberc-n*. Es ist keine Möglichkeit vorhanden, *albiert* und *Herberig* etc. in nähere Beziehung zu bringen.

B. Wir treffen im Rmtsch Lehngut, das **mittelhochdeutschen** Erscheinungen am nächsten steht, so *burniu* „Glut", verglichen mit mhd. *burnen* „brennen". Die SchwD MM haben *brenne-n*, *bränne-n*, *brünne-n*. Es ist nicht möglich, zwischen *burniu* und *brenne-n* oder *bränne-n* oder *brünne-n* eine engere Verbindung herzustellen.

C. Das Rmtsch hat Lehngut, das speziell **schweizerisch** ist, z. B. *hotta* „Zügel". Dieses Wort findet sich nur in SchwD MM als *Hotte-n*, nicht aber im Ahd., Mhd. etc.

D. Das Rmtsch weist Lehngut aus dem **Bayrischen** auf, wie *stetgel*[1]) „Stöcklein", bayr. *Stöckl*. Die SchwD MM haben *Stöckli*, *Steckli*, und diese Formen könnten lautgesetzlich nicht zu *stetgel* werden.

---

[1]) Warum *stetgel* mit *tg*? Alle solchen lautlichen, dem Leser auffallenden Erscheinungen werden später besprochen, der Leser möge sich also vorläufig beruhigen.

E. Wir stossen im Rmtsch auf Entlehnungen aus der nhd. **Schriftsprache.** So hat es den Ausdruck „Militärwesen" als *militeresser* übersetzt und angenommen. Wir brauchen in der deutschen Schweiz allerdings den Ausdruck „Militärwesen" auch, aber wir empfinden ganz wohl, dass er nicht ein altes M Erbwort ist.

7. Neben den germanischen Entlehnungen hat das Rmtsch auch solche aus **andern Sprachen,** so stammt *emploiau* „der Angestellte" aus dem Französischen.

8. In dem Worte *comunizeivel* „gemeinnützig" ist der Kern, *niz*, SchwD; -*eivel* ist eine echt Rmtsch Bildungssilbe; *comun* ist lateinisch, denn das echte Rmtsch Wort lautet *cumin*; das Ganze ist eine Nachbildung des genannten nhd. Wortes.

Genaue Abgrenzung des Themas.

9. Es ist also meine Aufgabe, Schicht C von § 6 zu erforschen. Dabei muss ich mich für die **SchwD Hälfte** meiner Arbeit auf alle MM der deutschen Schweiz stützen, nicht nur auf die an das Rmtsch Gebiet unmittelbar anstossenden. Das Wort „Kegel" lautet im SchwD *Chegel*, ein zusammenhängender Komplex von Kantonen, der weit ab vom Rmtsch Gebiet liegt, Basel, Aargau, Solothurn, Bern sagt dagegen *Cheigel*. Nun ist gerade dieses *Cheigel*, nicht *Chegel* im Rmtsch vorhanden, als *heigel*; eine mutmassliche Erklärung hiefür bringt § 38 F.

Natürlich werde ich aber mein Hauptaugenmerk auf die SchwD MM richten müssen, welche unmittelbar an das Rmtsch angrenzen. „Deichselstange" lautet im SchwD *Lande-n*, die GrB MM sagen aber *Latte-n*, und dieses *Latte-n* ist ins Rmtsch aufgenommen worden. Beleg aus der Zeitung Ligia grischa „Der graue Bund": „Gern sprangen sie über die Deichselstangen hinaus"[1] = *Bugien seglievan ei sur*[2] *las lattas ora*.

---

[1] Zur grösseren Bequemlichkeit des Lesers lasse ich bei grösseren Rmtsch Anführungen die Uebersetzung vorangehen und übersetze möglichst wörtlich.

[2] Da die Rmtsch Präp. ausserordentlich oft zur Sprache kommen werden, so seien hier die wichtigsten genannt; *a* zu, *avon* vor, *cun* mit, *de da dad* von,

Mitten im Rmtsch Gebiet liegt die SchwD Sprachinsel von Obersaxen. Es ist daher begreiflich, dass gerade dieses OSax allerlei Lehngut ins Rmtsch geliefert hat und daher häufig genannt werden wird. Immerhin hat das Rmtsch ebenso oft nicht die OSax Variante, sondern die anderer GrB oder auch sonst SchwD MM aufgenommen. „Schwalbe" lautet in der OSax M *Schwalba*, andere GrB und sonst viele SchwD MM sagen *Schwalme-n, Schwalma*, und dieses letztere ist ins Rmtsch gedrungen. Beleg Carigiet S. 294 oder aus der Sammlung abergläubischer Volksmeinungen: „Machen die Schwalben ein Jahr (ihr) Nest in einem Hause und kehren das andere Jahr nicht mehr, so stirbt jemand in diesem Hause" == *Fan las schualmas in onn igniv en ina casa e tuornan gl'auter onn buca pli, sche miera enzatgi en quella casa.*

Eine merkwürdige SchwD M von GrB ist die von Peist. Diese verfährt, wie uns die Texte bei Sutermeister unterrichten, mit den ahd. mhd. Längen von *i, u, ü* ähnlich wie das Nhd., sie diphthongisiert dieselben, so erscheint ahd. mhd. *liut* „Leute" in den meisten SchwD MM als *Lüt* mit langem *ü*, in Peist dagegen als *Löut*, Sutermeister 19, S. 27. Und an dieses *Löut* knüpfe ich Rmtsch *gleut* „Leute", und halte die Versuche, *gleut* von *Lüt* abzuleiten, für verfehlt.

Die GrB MM zeigen oft auffällige Uebereinstimmungen mit denen von Oberwallis und südlich vom Monterosa, eine Erscheinung, die der Forschung schon aufgefallen ist (Walliser und Walser). „Böse" lautet in den meisten SchwD MM *bös* oder *bes*, in Wallis und GrB ist dagegen *bösch* oder *besch* weitverbreitet. Ich werde daher mein Augenmerk besonders auch auf die Walliser MM richten müssen. Das Rmtsch hat einen Zuruf ans Vieh *hoc*, und dieser kehrt nur gerade im Wallis wieder als *hog*.

10. Das sprachliche Material der SchwD MM besteht aus zwei Schichten, aus Erbwörtern und importiertem Gut;

---

davos hinter, *deuter* zwischen, *en* in, *muort* wegen, *per* für, *sper* neben, *si siu* auf, *suenter* nach, *sur* über, *sut* unter, *tier* zu, *tras* durch, *vid* an — *giu* herab hinab, *giud* < *giu* + *de* herab von, *ora* or *o* hinaus heraus, *ord* heraus aus — Man beachte auch, dass *giu* „hinab" und *giu* „gehabt" gleich geschrieben sind, gerade wie *era* „war" und *era* „auch".

ich will die erste, die weit umfangreichere Schicht die primäre, die zweite die sekundäre nennen. Der Gruss unserer Landleute *Sind ir husli* „Seid ihr fleissig" ist primär, das Subst. *Menaschi* sekundär. Aber der SchwD Sprachgeist hat diesem franz. Lehnwort den Stempel seines Wesens aufgedrückt, indem er ihm die in Erbwörtern häufig vorkommende Bildungssilbe *-i* angefügt hat. — Das Rmtsch hat nun, was natürlich ist, sowohl primäres als sekundäres SchwD Lehngut herübergenommen, es verwendet z. B. dieses *Menaschi* und kennt jenen Gruss als *Esses huslis*[1]), Carisch, Nachtrag S. 23. — Ich muss in dieser Abhandlung auch das sekundäre SchwD Sprachgut, das ins Rmtsch gewandert ist, berücksichtigen, falls es sich verhält wie *Menaschi*, d. h. falls ihm erkennbar der SchwD Timbre aufgedrückt ist.

11. Bevor die nhd. Schriftsprache in die Schweiz eindrang, hatten die deutschschweizerischen Kantone eigene Schriftidiome, Kanzleiidiome genannt. Ein solches Kanzleiidiom hatte den einen Teil seiner sprachlichen Erscheinungen mit der neben ihm hergehenden gesprochenen M gemein, ein Teil aber war davon verschieden. Es ist nun denkbar, dass sowohl von den gesprochenen MM, als auch von den Kanzleisprachen der Schweiz Lehngut ins Rmtsch getragen worden sei. So viel ich aber zu erkennen vermag — wir wissen nämlich vom Verhältnis der schweizerischen Kanzleiidiome zu den MM noch wenig — stammt das Lehngut des Rmtsch doch fast ausschliesslich aus dem gesprochenen SchwD. Das Wort „Meinung" heisst in den Kanzleiidiomen ausnahmslos *Meinung* oder *Meynung*, die MM haben, sicher schon seit dem 15. Jahrhundert, *Meinig*, und diese Wortform ist als *meini* ins Rmtsch gewandert. Dagegen glaube ich mit einiger Sicherheit behaupten zu dürfen, dass die Formel *einen Schilling gefallen sin* „in eine Geldbusse von einem Schilling verfällt sein", welche sich in den deutschschweizerischen Weistümern des 14. und 15. Jahrhunderts vorfindet, nie der wirklich gesprochenen M angehört habe. Da diese Formel nun auch in den Rmtsch Weistümern wörtlich wiederkehrt, z. B. „Der

---

[1]) *-s* ist Pluralzeichen.

ist gefallen zwanzig Kreuzer dem Gericht" = *Quel ci curdau*[1] *X 20 a la dartgira*, so ist wahrscheinlich, dass hier eine Entlehnung aus dem Kanzleiidiom vorliegt.

12. Was nun die **Rmtsch Hälfte** meines Themas anbelangt, so habe ich einige orientierende Bemerkungen vorauszuschicken. Rmtsch heissen diejenigen MM des RtRm, welche in den Talschaften des Rheins gesprochen werden. Einige Teile dieses Gebietes, die gegen den Inn hin gelegen sind, haben so grosse Besonderheiten, dass man sie wohl auch vom Rmtsch abtrennt. Dies macht mir keine Schwierigkeit, da ich aus diesen Gegenden keinen Stoff habe. Das Rmtsch zerfällt in die surselvische und in die subselvische Mundartengruppe, welch beide durch den Flimser Wald getrennt werden. Ich habe mein Material weitaus zum grössten Teil aus dem Surselvischen, aus dem einfachen Grund, dass die subselvische Litteratur weit weniger reich und mannigfaltig ist. Das Rmtsch hatte zu verschiedenen Zeiten und in verschiedenen Gegenden verschiedene Schriftsprachen; heute ist die Schriftsprache, die auf dem Disentiser Idiom basiert, sehr verbreitet. — Ich habe aus allen diesen Sprachgattungen Material gesammelt.

Ich stütze meine Arbeit hauptsächlich auf die gedruckte Litteratur, aber ich führe nichts an, das nicht auch zugleich volkstümlich ist, das nicht auch zugleich im Volksmunde lebt. Ich bin im Rmtsch, diesem so reichhaltigen[2]) und nichts weniger als leichten Idiom nicht etwa ein dilettantischer Autodidakt, so wenig als auf dem Gebiet der malaio-polynesischen Sprachen, sondern ich habe in genügendem Masse sowohl direkt schulmässigen Unterricht, als auch Belehrung in freierer Form erhalten, durch die Güte von mehreren für ihre Sprache und ihr Volkstum begeisterten Rätoromanen. Am meisten bin ich den beiden Herren Simeon, Herrn Konventual U. Simeon und Herrn Lehrer St. Simeon zum Dank verpflichtet.

---

[1]) *curdar* heisst ganz wörtlich „fallen".

[2]) Wer den Reichtum des Rmtsch an Sprachgütern, an originellen, bodenwüchsigen Sprachgütern bezweifeln wollte, was in populären Büchern etwa geschieht, mache sich nur an das Studium der Volksrätsel, DecChr II, 1, S. 169 ff.

13. Wir können die SchwD MM, ich meine die gesprochenen MM, nicht die Kanzleiidiome, bis ins 13. Jahrhundert zurückverfolgen, aber unsere Kenntnisse von den ältern Phasen der M sind noch gering, da die Entwirrungsarbeiten, was M, was Kanzleiidiom sei, noch nicht weit gediehen sind. Die urkundliche Geschichte des RtRm und damit auch des Rmtsch reicht noch bedeutend weniger weit zurück, der RtRm Pfingsthymnus zum Luzerner Osterspiel[1]) von 1597 gehört schon zu den ältesten in Originalhandschrift auf uns gekommenen Denkmälern. — Aus all dem geht hervor, dass der Stoff der vorliegenden Schrift meist der Gegenwart entstammen muss, und dass ich meiner Abhandlung nicht die Gestalt einer chronologisch-historischen Entwicklung geben kann. Ueber ältere Phasen kann ich nur Vereinzeltes vorbringen. Ein Beispiel: Die deutsche Schweiz hatte im 15. und 16. Jahrhundert eine Münze, *Unger* genannt, diese kursierte auch in GrB und daher treffe ich sie auch in alten Rmtsch Denkmälern, so in Bundis Jerusalemreise vom Jahre 1591: „Und (sie) haben auch geschenkt uns zwei Unger" = *Et han era schangiau a nus 2 Ungers*.

Soll ich nun aber das in den ältesten Rmtsch Dokumenten enthaltene SchwD Lehngut nicht einer ganz besondern Untersuchung unterwerfen? Werde ich da nicht wichtige Anhaltspunkte für das Studium von Lautbewegungen u. ä. finden? Ich habe eine solche Spezialuntersuchung angestellt, und es hat nichts für solche Zwecke herausgeschaut. Diese ältesten Rmtsch Texte sind eben gar nicht alt und nicht mannigfaltig und das SchwD Lehngut sicht darin aus wie das des heutigen Tages. „Erbarmen" lautet im heutigen SchwD *Erbarme-n*, und so lautete es auch schon im 16. Jahrhundert. Das Rmtsch hat daraus *erbarm* gemacht, und diese Wortgestaltung findet sich in den ältesten Texten gerade so wie sie heutzutage aussieht.

14. Ich will den Leser nicht mit dem gesamten Material, das ich zusammengebracht habe, bekannt machen, denn das

---

[1]) Um das Pfingstwunder darzustellen, rezitieren die Apostel Hymnen in verschiedenen Sprachen.

wäre Sache eines Lexikons; aus den Rmtsch Weistümern habe ich mir wohl hundert Fälle von Beeinflussung durch die SchwD Rechtssprache notiert, § 48 führe ich aber nur ein paar an. Dafür will ich nach Möglichkeit Interessantes, Charakteristisches, allgemeine Gesichtspunkte vorführen; und ich will meinen Stoff möglichst nach allen Seiten hin beleuchten, im Gegensatz zu meinen Vorarbeiten, die fast nur das rein Lexikographische und das Lautliche ins Auge fassen. Auch liegt es mir hier, wie bei allen meinen die schweizerischen Sprachverhältnisse betreffenden Arbeiten, am meisten daran, neue methodische Wege zu finden oder die bisherigen zu verbessern. Endlich will ich auch nicht, dass man meine Schrift als ein Nachschlagewerk ansehe, darum füge ich kein Register bei.

Die Berechtigung des Themas.

15. Ich treffe recht oft die Erscheinung, dass Forscher auf dem RtRm Gebiet mit den Begriffen „Deutsch" oder „Germanisch" hantieren, während sie auf das SchwD abstellen sollten, und dass sie dadurch zu Unzulänglichkeiten, Schiefheiten und selbst zu direkten Irrtümern geführt werden.

A. A. Tuor führt Annalas 17, 254 das Rmtsch Wort *guotta-cavagl* „Kaulquappe" vor und bringt es mit „tudestg" *Rosskopf* in Beziehung. Aber *guotta* heisst „Nagel" und nicht „Kopf", daher hat man *guotta-cavagl* nicht an ein „tudestg" *Rosskopf*, sondern an das SchwD *Rossnagel* anzuknüpfen.

B. Genelin sagt S. 11: „In einigen Wörtern hat sich *w* in *b* verwandelt. Von den von Genelin genannten Fällen ist wohl nur *baubau* ⏜ *Wauwau* diskutierbar, die andern sind fraglich. Aber warum sollen wir *baubau* von einem „deutschen" *Wauwau* ableiten und so einen ganz vereinzelten Uebergang eines Lautes in einen andern statuieren, da es doch in der Zentralschweiz, in Glarus, in St. Gallen, in GrB, also so ziemlich rings um das Rmtsch Gebiet herum, ein *Baubau* gibt? Ist es nicht das Natürlichste, zu sagen, das Rmtsch *baubau* ist talc quale dieses SchwD *Baubau*?

C. Huonder sagt VHu S. 18: Deutsches *s* wird oft zu *sch*, so in *rischa* „Fischreuse". Aber die SchwD MM haben dieses Wort mit *sch*, als *Rüsche-n*, und dieses *Rüsche-n* ist zu *rischa* geworden.

D. Luci sagt S. 47: *b* in ursprünglich „deutschen" Wörtern = *p*, z. B. *preht* „Bericht", *piatigot* „behüt dich Gott", *pur* „Bauer" etc. Aber alle diese Wörter lauten in den meisten SchwD MM mit der Tenuis an und sehen auch sonst nicht „deutsch", sondern SchwD aus.

E. P. Tuor in seiner Arbeit: die Rmtsch Rechtssprichwörter = Ils proverbis giuridics romontschs, Ischi 1903, S. 19 ff führt das Sprichwort an: *Igl um peglia ins per il plaid, ed il bov per la corna; Igl um peglia ins per il plaid e la femna per la schuba.* Und er setzt es mit „tudesc" „Mannes Wort ist Mannes Ehre" in Beziehung. Aber dieses Sprichwort ist nichts anderes als die wörtliche Wiedergabe des allgemein schweizerischen: *De Ochs fasst me-n bi de Hörnere-n, de Ma bim Wort und d' Wiber bi der Juppe-n.*

Alle diese Beispiele sind aus Schriften genommen, die durchaus gediegen und sorgfältig abgefasst sind.

Das Vorgebrachte stimmt zu der Beobachtung, dass in den Schriften zur RtRm Forschung das Idt fast nie zitiert wird. P. Tuor bezieht sich in der genannten Schrift gar nie darauf, er hätte es aber sozusagen auf jeder Seite tun sollen. Huonder stützt sich, VHu S. 26, für *Tristkammer* auf den alten Stalder. Das Idt hätte ihm III 254 brauchbarere Auskunft gegeben. Für die Behandlung von *honzeli*, § 74, beruft er sich Ischi 1902, S. 182, auf Paul, Deutsches Wörterbuch, aber auch hier hätte ihm das Idt eine für seine Zwecke brauchbarere Auskunft gewusst. Genelin sagt S. 26, er finde *Hosi* in der Bedeutung „Gemenge" im Idt nicht. Aber über *Hosi* in der Bedeutung „Gemenge" und in der für Genelin noch weit wichtigeren Bedeutung von „Schmarren" referiert das Idt III S. 525 weitläufig. Und die Lieferungen des Idt, welche die angeführten Artikel enthalten, sind lange vor den Schriften Huonders und Genelins erschienen.

Ferner beobachte ich, dass RtRm Forscher für die Erklärung von germanischem Lehngut in den entferntesten

Winkeln des Germanentums nachsuchen, statt da, wo die Auskunft am ehesten gefunden würde, beim SchwD. Genelin knüpft S. 36 Rmtsch *stoll* „Erbteil" an mhd. *stolle* „Stütze" an, *Stolle-n* ist aber ein in der Zentralschweiz und in GrB verbreiteter Ausdruck gerade für „Erbteil". Huonder leitet Ischi 1897, S. 53 *uiersch* „quer" von ahd. *dwerh* ab, und sucht, ohne Erfolg[1]), den Uebergang von *h* zu *sch* glaublich zu machen. Warum sollten wir nicht lieber an GrB *twerisch* anknüpfen, wo das *sch* schon vorliegt?

Aus den Ausführungen dieses Paragraphen erhellt, wie notwendig es ist, dass der Faktor SchwD mit Wucht in die Rmtsch, und, wie eine ähnliche Liste, die man auch für das Lad aufstellen könnte, ergeben würde, auch in die Lad Forschung einziehe.

Die Quellen.

16. Vom **SchwD** habe ich einmal als geborener Luzerner und weil ich in meinen Ferienwanderungen die verschiedensten Gegenden der Schweiz und besonders auch von GrB zu durchstreifen pflege, so und so viele **unmittelbare Kenntnisse.**

Aber weit wichtiger noch sind natürlich die Kenntnisse, welche mir das **Schweizerische Idiotikon** vermittelt. Dasselbe ist allerdings erst bis zum Buchstaben *P* gediehen, aber die Redaktion hat mir, wo das Gedruckte versagt, aus ihren Papieren in zuvorkommendster Weise Auskunft gegeben.

Viel wertvollen Aufschluss verdanke ich auch dem zwar ganz schlecht geordneten, aber sehr inhaltsreichen Werke **„Davos in seinem Walserdialekt"**, von **V. Bühler**, das sich nicht nur mit der Davoser M, wie der irreführende Titel schliessen liesse, sondern so ziemlich mit allen deutschen MM von GrB befasst.

---

[1]) Huonder kann keinen zweiten Fall nennen; wenn er auf die Parallele *marsch* „faul" < lat. *marcidus* hinweist, so ist das gar keine Parallele, denn lat. *c* und ahd. *h* sind doch nicht ein und dasselbe.

Allerlei brauchbaren Stoff habe ich auch in **Suntermeisters** Textsammlung „Schwizer-Dütsch" gefunden.

Tschumperts unvollständiges Bündner Idiotikon muss ich nicht berücksichtigen, da es ganz im Idt aufgenommen ist.

17. Für die **Rmtsch** Seite meiner Abhandlung habe ich Quellen, die ausserordentlich ergiebig fliessen. Zwar ist die bisherige Rmtsch **Lexikographie** unbedeutend, aber die Rmtsch **Litteratur** ist, wenn man auf die Kleinheit des Rmtsch Gebietes hinsieht, geradezu erstaunlich reich und mannigfaltig und, was natürlich für meine Zwecke besonders wichtig ist, zum grössten Teil von der reinsten Volkstümlichkeit. Und ein beispielloser Forscherfleiss und Opfermut hat diese Schätze durch den Druck der forschenden Welt zugänglich gemacht. Diese Schätze sind vor allem niedergelegt in den folgenden **Zeitschriften** und **Sammelwerken:**

Annalas della Societad retoromantscha.
Igl Ischi[1]**.**
C. Decurtins, Rätoromanische Chrestomathie.
J. Ulrich, Rhätoromanische Chrestomathie.
Archivio glottologico.

Daneben existiert noch eine grosse Zahl von **Einzeldrucken,** wie das Passionsspiel von Somvix, Bühlers klassische Wiedergabe von Schillers Tell, die hübschen Fabeln und Erzählungen von Arpagaus, U. Caveltys gediegene Uebersetzung des Romans Fabiola, das fesselnde Büchlein von B. Berther *Sin cadruvi* „Auf dem Kirchenplatz", etc., etc.

Umfangreich ist auch die Litteratur der **Schul-, Erbauungs-Bücher, Kalender, Zeitungen,** welche ich ebenfalls durchmustert habe.

18. Von all diesen Quellen habe ich **die vorzüglich durchforscht,** welche den Stempel der Volkstümlichkeit an sich tragen. Ich musste dabei, wie schon angedeutet, nicht lange wählen. Die **ältere Litteratur** ist ja durch und durch volkstümlich. Besonders brauchbar für meine Zwecke erwiesen sich mir von derselben die Märchen, Sagen, Volks-

---

[1] „Ahorn", gemeint der historische Ahorn von Truns. *Ischi* ist auf der letzten Silbe betont.

rätsel, abergläubischen Meinungen, Kinderlieder und Kinderspiele, die Volkslieder, die Volksbücher von Barlaam und Josaphat und von Kaiser Octavianus, das Passionsspiel von Somvix und das Fastnachtspiel von Brigels. Und was die **moderne Litteratur** anbelangt, so darf Nossa Mumma stolz sein auf eine stattliche Anzahl ihrer Söhne, die in ihren schöngeistigen Schöpfungen mit Bewusstsein, Talent und Erfolg das unverfälschte RtRm Volkstum und die unverfälschte Rmtsch Volkssprache wiedergeben; ich habe hier Werke im Auge wie die Bauernlieder von A. Huonder, der Cumin[1]) d'Ursera von G. C. Muoth, die Dramen von A. Tuor, Saung grischun „Graubündner Blut" von M. Carnot, der Toni de Chischlatsch von J. Nay, etc., lauter Darbietungen, an denen unser Gotthelf seine helle Freude gehabt hätte. Solche Werke habe ich also besonders für meine Studien herangezogen.

19. Ganz ausgeschlossen habe ich solche Autoren, die rein individuelle Beeinflussung durch das SchwD und Nhd. aufweisen, wie J. Barandun, denn solches Material, das nur bei einzelnen Autoren vorkommt, aber nicht wirklich im Volksmunde lebt, hat für die Forschung keinen Wert; sowie die Schriften, welche jene künstlich zurechtgestutzte Sprache aufweisen, die besonders in der Zeitschrift Il Novellist und einige Male leider auch in den Annalas vertreten ist.

Die Vorarbeiten.

20. Die Vorarbeiten unterscheiden sich von den Quellen dadurch, dass in ihnen das Material für mich schon präpariert, mehr oder weniger gut präpariert vorliegt. Sie sind:

P. Genelin, Germanische Bestandteile des rätoromanischen (surselvischen) Wortschatzes. Es ist dies eine kleine anspruchslose Schrift, die mancherlei germanisches Lehngut lexikographisch und lautlich behandelt. Allerdings vermissen wir bei Genelin eine genügende Vertrautheit mit der Methode der Sprachforschung und eingehendere Kenntnisse der

---

[1]) „Gemeindeversammlung".

Germanistik, besonders des SchwD, man kann daher auch so und so viele von Genelins Vorbringungen, besonders im lautlichen Teil, ohne weiteres streichen. Trotzdem hat die Schrift ihren Wert, sie hat mir manchen Dienst getan und ich muss die Kritik im Archiv für das Studium der neuern Sprachen, Jahrgang 55, Band 107, eher für zu hart erklären. Und ich vermisse beim Kritiker ein Gleiches wie beim Kritisierten: eingehendere Kenntnisse des SchwD. Ein Beleg für mehrere: Wenn Genelin S. 7 meint, *strof* komme vom „deutschen" *Strafe* und so sei *a* in *o* gewandelt, so sieht der Kritiker wohl ein, dass dies unhaltbar ist, aber er fährt fort und sagt, hier sei bayrisches *o* durch *o* wiedergegeben. Nun aber sprechen viele SchwD MM, auch solche, die direkt an das Rmtsch Gebiet anstossen, *Strof* mit *o*. Das Rmtsch hat nun doch sein *strof* wohl aus diesen direkt an dasselbe anstossenden SchwD MM genommen und nicht einen Sprung über dieselben hinaus ins Bayrische gemacht, um dort das Wort zu holen.

J. Huonder, Der Vokalismus der Mundart von Disentis. Der Verfasser behandelt auch allerlei germanisches Lehngut. Huonders Schrift ist streng wissenschaftlich und sehr reichhaltig. Allerdings auf dem Gebiet der Germanistik, besonders des SchwD, bewegt er sich auch nicht mit Sicherheit, daher muss ich seinen Aufstellungen oft entgegentreten. Auch ist seine Schrift recht mühsam zu lesen. So verstehe ich, was Huonder über *stroli* „Kauz" S. 70 unten sagt, direkt nicht. Ich fasse die Sache so auf, dass *stroli* identisch ist mit SchwD *stralig, strolig* „verflixt", *Strali, Stroli* „böswillige Person", und ich halte in Beziehung auf Lad *stroller* für annehmbar, was Pallioppi, Lad Wörterbuch S. 724 steht.

Allerlei germanisches und speziell SchwD Lehngut wird auch in den **Wörterbüchern** von Carigiet und Carisch, in den **Grammatiken** von Gartner und von Conradi, in der Abhandlung **Il Romontsch della Lumnezia**[1]) von A. Tuor, Annalas 17, 245 ff., in einem **Aufsatz von Huonder**, Ischi 1897, S. 45 ff., und vereinzelt auch anderswo genannt.

---

[1]) Lugnetz, ein Teil des Rmtsch Sprachgebietes.

Alle diese Vorarbeiten haben mir nicht viel Stoff geliefert, den grössten Teil habe ich aus den § 17 geschilderten Quellen geschöpft. Die Vorarbeiten berühren übrigens die ganze eine Hälfte des Problems, das Uebersetzungslehnwort, § 26 B, gar nicht.

Sozusagen gar nichts hat mir **Körtings** vergleichendes Rm Wörterbuch geliefert. Körting enthält überhaupt auffallend wenig RtRm Material. Verschiedene Aufsätze in Annalas und Ischi und anderswo, ferner Muoths Normas ortograficas, die weit mehr bieten als der Titel ahnen lässt, bergen reichen Stoff, der für den Verfasser eines solchen vergleichenden Rm Wörterbuches sehr brauchbar wäre, und der Grund ist mir nicht klar, warum sie Körting so wenig herangezogen hat.

Die litterarischen Hilfsmittel.

21. Unter den litterarischen Hilfsmitteln verstehe ich allerlei wissenschaftliche Arbeiten zur RtRm Sprachforschung, die mir in dieser oder jener Weise nützlich waren, ohne dass ich sie geradezu Quellen oder Vorarbeiten nennen könnte. Diese sind:

W. Meyer - Lübke, Grammatik der romanischen Sprachen.
Th. Gartner, Rätoromanische Grammatik.
J. A. Bühler, Grammatica elementara dil lungatg Rhäto-Romonsch.
U. Simeon, Rhätoromanische Grammatik (Manuskript).
B. Carigiet, Rhätoromanisches Wörterbuch.
O. Carisch, Taschenwörterbuch der Rhätoromanischen Sprache.
C. Muoth, Normas ortograficas.
C. Muoth, Studis etymologs dil Romonsch sursilvan.
J. Luci, Lautlehre der subselvischen Dialekte.
H. Morf, Aus Dichtung und Sprache der Romanen.
M. Carnot, Im Lande der Rätoromanen.

Die Normen für die Feststellung des Stoffes.

22. Negative Kriterien. Wenn uns im Rmtsch Sprachgut entgegentritt, das germanisch aussieht, so müssen wir uns klar machen, an welche der § 6 genannten fünf Arten Germanisch es rationeller Weise angeknüpft werden kann. Und wenn es sich dann zeigt, dass diese Anknüpfung am einleuchtendsten bei Art A, B, D, E geschehen kann, so müssen wir es von unserm Thema ausschliessen. Beispiele:

A. Zu den germanischen Wörtern, die schon in **alter Zeit** in die Rm Idiome gedrungen sind, gehört auch „Bahre". Rmtsch lautet es *bara* und das kann ganz gut das ahd. *bâra* sein. Allerdings heisst das Wort in vielen Gegenden der Schweiz *Bare-n*, und auch das müsste im Rmtsch zu *bara* werden. Nun aber haben die GrB MM, an die wir doch zuerst anknüpfen müssen, die Form *Bar* oder *Bor*. Dadurch sinken die Aussichten für die Anknüpfung ans SchwD, und die wissenschaftliche Vorsicht gebietet daher, dieses Wort auszuschliessen.

Wenn wir die hier unter A angehobenen Untersuchungen weiter führen würden, so würde sich ergeben, dass die meisten germanischen Entlehnungen, die ins Rmtsch und *zugleich* in andere Rm Idiome gedrungen sind, sich verhalten wie dieses *bara* — und wie *albiert* § 6 — und dass sie also dem SchwD nicht zugesprochen werden dürfen. Man kann sie als vorschweizerische Gruppe zusammennehmen und besonders behandeln.

B. Rmtsch *ualti* „ziemlich" können wir am rationellsten an **mhd.** *waltic* anknüpfen, die Abschwächung des Sinnes kann kein Bedenken erregen. Aber können wir nicht auch sagen, *ualti* sei das SchwD *g'waltig*, und es sei die Vorsilbe *g'-* abgeworfen? SchwD *g'wiss*, *g'wess* erscheint im Rmtsch als *guess*, und es wäre daher gegen alle Methode, zu sagen, in dem einen der beiden ganz gleich liegenden Fälle sei *g* vor *w* geblieben, im andern gefallen. Nein, wir dürfen *ualti* nicht dem SchwD zuschreiben, wenigstens so lange und bis nicht auch ein SchwD *waltig* ohne Vorsilbe nachgewiesen ist.

C. Das Rmtsch hat einige Deminutiva auf *-el,* wie *negel* „Gewürznelke". Dieses Formans ist **bayrisch,** das SchwD hat dafür *-li, Nägeli.* Es ist nun nicht denkbar, dass auf lautlichem Wege SchwD *-li* zu Rmtsch *-el* werden könnte, das Rmtsch bewahrt auslautendes SchwD *-i* gewissenhaft, wie viele noch kommende Beispiele beweisen werden. Und es ist daher auch falsch, wenn Genelin S. 40 Rmtsch *viriveri* auf das gleichbedeutende deutsche *Wirrwarr* zurückführt, es ist das Rmtsch Wort vielmehr identisch mit dem in der Schweiz weit verbreiteten *Wirriwärri.* Es bleibt daher nichts anderes übrig, als die Entlehnung *negel* dem Bayrischen zu-, und dem SchwD abzusprechen.

D. Ich treffe in der neuern Rmtsch Litteratur oft das Wort *horda,* gleich dem **nhd.** *Horde.* Dieses Wort wird zwar auch im SchwD gebraucht, aber nur von den Gebildeten, der gemeine Mann hat es nicht in seinem Vorrat, und daher nennt es das Idt auch nicht. Wir können also *horda* nicht eine Entlehnung aus dem SchwD nennen, sondern müssen es als ein Anleihen beim Nhd.[1]) bezeichnen.

Die meisten nhd. Lehnwörter im Rmtsch erkennt man auf den ersten Blick, es sind moderne Kulturwörter wie *pauperesser* „Armenwesen". Vielfach leben sie bloss in der Rmtsch Litteratur, besonders in der Zeitung oder im Munde der Gebildeten, nicht aber im Munde des Volkes.

23. Positive Kriterien. Wenn mir im Rmtsch Lehngut entgegentritt, das germanisch aussieht, und von dem sich dann erweist, dass es etwas spezifisch SchwD an sich hat, etwas, das weder dem Nhd., noch dem Mhd. etc. eignet, so habe ich dieses Lehngut unter mein Material aufzunehmen. Beispiele:

A. Es sind dies einmal Wörter, die ausschliesslich dem SchwD **Lexikon** zugehören, z. B. *Hutsche-n* „Schwein" > Rmtsch *hutscha.*

B. Wörter, die in einer **Bedeutung** gebraucht werden, die ausschliesslich SchwD ist. *Klenken* bedeutet zwar im Mhd. „verbreiten" und wird dabei auch mit dem Objekt

---

[1]) Dem Mhd. war das Wort noch fremd.

"Lob" verbunden, aber „losziehen", „schimpfen" heisst es nur im SchwD, und in dieser Bedeutung hat es das Rmtsch aufgenommen und durch eine häufig vorkommende Bildungssilbe erweitert: *clanchergnar* „bekritteln" [1]).

C. Wörter, die im **Lautstand** etwas spezifisch SchwD haben. „Schraube" lautet im SchwD mit *st* an, *Strube-n*, und in dieser Lautgestaltung ist das Wort ins Rmtsch übergegangen. Beleg, Annonce aus der Gasetta Romontscha: „Der Unterzeichnete empfiehlt Muttern für Schrauben, Zangen mit Schraube" = *Il suttascret recommonda mummas per strubas, zeungas cun struba*.

D. Wörter, die in ihrer **Bildung** etwas spezifisch SchwD haben. Das Wort *Franse* ist in vielen SchwD MM um die weibliche Bildungssilbe *-le-n*, die sich z. B. in *Tüble-n* „weibliche Taube" findet, erweitert worden: *Fransle-n, Franzle-n*; und in dieser Gestalt ist es ins Rmtsch eingezogen als *franzla*.

E. Sprachgut, das der **Konstruktion** nach spezifisch SchwD aussieht. Das Verbum „brauchen" wird in vielen SchwD MM reflexiv verwendet in der Bedeutung „sich sputen": *Bruch di* „spute dich!" Diese Konstruktion und Anwendung kehrt wörtlich im Rmtsch wieder, z. B. in Bühlers Tell: „Mach hurtig, Jenni, zieh die Naue ein = Spute dich, Jenni, hinein mit der Barke, rasch!" = *Sedrova*[2]) *, Jenni, en cun la barca, spert*.

24. Es kommt nicht selten der Fall vor, dass ein SchwD und ein nhd. Wort sich völlig decken, ein Beispiel ist „*Gang*". Woher hat dann das Rmtsch das Wort bezogen, aus dem SchwD oder aus dem Nhd.? Wenn es sich um ein einfach volkstümliches Wort handelt, wie bei „*Gang*", so werden wir mit Sicherheit die SchwD Herkunft konstatieren dürfen, Rmtsch *gan* < *Gang* ist also Entlehnung aus dem SchwD.

---

[1]) Huonder, VHu S. 43, Z. 24 ist abzuweisen.
[2]) Infinitiv *duvrar* „brauchen", Imperativ *drova*. Beim Reflexiv steht *se-* für alle drei Personen.

Die Grenzgebiete des Zweifelhaften.

25. Es gibt recht viele Fälle, wo es zweifelhaft ist, ob Sprachgut vom SchwD ins Rmtsch oder umgekehrt gewandert sei oder ob es beide aus einer dritten Quelle bezogen haben, ferner Fälle, wo es unsicher bleibt, ob nicht beide Idiome, unabhängig voneinander, sich entsprechende Werte hervorgebracht haben. Solche Schwierigkeiten erheben sich auf folgenden Gebieten:

A. Bei **Interjektionen**. Wenn wir sowohl im Rmtsch als im SchwD die Interj. *he* treffen, so braucht hier keine Entlehnung vorzuliegen, dieses *he* findet sich in den verschiedensten Teilen der Welt, z. B. in den malaio-polynesischen Sprachen, so im Makassarischen. Wenn aber das SchwD vier Interj. auf *-ui* hat: *ui, hui, bui, pfui*, die, bis auf *bui*, auch allgemein deutsch sind, und wenn gerade diese vier im Rmtsch auch wiederkehren, so kann das nicht Zufall sein, das Rmtsch ist entlehnt. Belege: Aus Th. Castelbergs Komödie „Die listige Witwe" = *La vieuva lestia*: „Ei, ei, schöne Galanterien" = *Buy, buy, biallas galantereias*. Aus der Gasetta Romontscha, Feuilleton: „Nu, nu, Sie brauchten deswegen durchaus nicht sich zu schämen" = *Ui, ui, Els duvrassen perquei absolutamein buca seturpigiar*. Aus dem Toni von Chischlatsch: „Man war da im Hui" = *Ins era leu cn in*[1]) *hui*. Und so scheint es mir, dass auch zwischen der Rmtsch Redensart *senza hau ni miau* „ohne Sang und Klang" und den SchwD Interj. *hau* und *miau* ein Zusammenhang bestehe. Beleg aus Sin Cadruvi: „Abschaffen dies ohne Sang und Klang, das haben wir nicht können begreifen" = *Dismetter quei senza hau ni miau quei havein nus buca saviu capir*. Hau ist im SchwD ein lauter Ausruf, z. B. des Jubels, und *miauen, mauen, mauwen* bedeutet nicht nur „miauen", sondern auch „leise reden".

B. Bei Wörtern, die einen **Naturlaut** wiedergeben. Beispiele: SchwD *mögge-n*, „brüllen", von der Kuh gesagt, Rmtsch

---

[1]) Ganz wörtlich: „In einem Hui", so sagen auch manche SchwD MM, siehe Idt II, 862.

„Die Kuh brüllt" = *La vacca megia*. SchwD *Gwaagg*, Rmtsch *quac* „der Rabe". Der Grund der Unsicherheit ist der gleiche wie bei A. Auch in malaiischen Idiomen, z B. im Kawi ist *Kwak* Vogelname.

C. Bei **Kinderwörtern**. Bsp.: SchwD *Nani*, Rmtsch *nana* „Wiege", SchwD *Mäm-mäm*, Rmtsch *mammam* „trinken". Auch hier der gleiche Grund, auch hier die gleichen Erscheinungen bei den malaiischen Sprachen, z. B. pampangisch *mamama* „kauen".

Etwas anders liegt die Sache bei Rmtsch *cac*, SchwD *gagg*, in GrB MM auch mit Fortis im Anlaut, also ganz gleichlautend mit dem Rmtsch Wort. Das Wort, das „Schmutz, Kot" bedeutet, hat im Rmtsch als Nebenform *cacas* und im SchwD *gagga* und *gaggis*. Die Rmtsch und die SchwD Ausdrücke werden daher vielleicht doch nicht ganz unabhängig nebeneinander stehen.

D. Bei **Verwandtschaftsbezeichnungen**. In der Rmtsch Bauerngeschichte La Vacca pugniera „Die Heerkuh" rühmt der reiche Bauer: „Sein Vater, Grossvater, Urgrossvater und Urugrossvater seien überall im Oberland herum bekannt" = *Siu bab, tat, basat et urat seigien pertut la Partsu entuorn enconischents*. Hier haben wir vier Verwandtschaftsnamen hintereinander. Ganz ähnlich klingende Verwandtschaftsbezeichnungen finden wir aber nicht nur im SchwD, wie *Att* in Schwyz, sondern auch in den malaiischen Sprachen, z. B. *Ada* im Tankaranischen auf Madagaskar. Also auch hier Unsicherheit[1]).

E. Bei den Bezeichnungen für **Bejahung** und **Verneinung**, SchwD *ja, jo, jä, je; nei, nä, na*, letzteres nach Bühler gerade in GrB gebräuchlich; Rmtsch *gie, na*. Auch hier die gleichen Erscheinungen in den malaiischen Sprachen, „ja" lautet im Dajakischen *ja* und *jo*, im Bugischen *iyé*.

Allerdings ist Rmtsch *gie* in seinen Anwendungen ganz vom SchwD *ja* beeinflusst, § 65, und gehört daher in dieser Hinsicht zum SchwD Lehngut im Rmtsch.

---

[1]) *Ur-* in *urat* ist entlehnt.

F. Bei **Metaphern, Alliterationen** und ähnlichen Erscheinungen. Die SchwD MM sagen *zittere-n wie-n-en aspis Laub*[1]), und das Rmtsch sagt *tremblar sco triembels*. Aber dieses Bild ergibt sich überall so von selbst, dass wir nicht an Entlehnung zu denken brauchen. Wenn aber SchwD *Gotte-n* „Patin" und gleichbedeutendes Rmtsch *madretscha* auch für „Rute" verwendet werden, so ist dieser metaphorische Gebrauch so aussergewöhnlich, dass wir nicht umhin können, Entlehnung anzunehmen. Aus A. Tuors volkstümlichem „Discuors": Il project d'ina via-fier[2]) tras la Surselva: „Die Birke mit ihren prächtigen Zweigen, welche dienen als Rute für die Kinder" = *Il badugn cun sias stupentas tortas che surveschan sco madretscha per ils affons*. Und solche im SchwD und im Rmtsch übereinkommenden poetischen Formeln sind so zahlreich, dass doch nicht alles zufällige Uebereinstimmung sein kann.

G. Bei **Uebersetzungs- und Bedeutungslehnwörtern**, § 26 B, die einerseits dem Rmtsch und andererseits einem ganz beschränkten, an das Rmtsch angrenzenden Bezirk des SchwD eigen sind. Rmtsch *rida* ist sicherlich das SchwD *Chride-n*, aber *rida* bedeutet neben „Kreide" auch „Griffel", und die gleiche Bedeutung hat *Chride-n* auch in einigen SchwD Gegenden von GrB. Ist nun die neue Bedeutung im Rmtsch Teil von GrB entstanden und in den SchwD gewandert oder umgekehrt? Ein anderer Fall ist der Name eines fetten ländlichen Gerichtes, das in Glarus, nur in Glarus, *Brantsmues* „gebranntes Mus" und im Rmtsch, wörtlich übersetzt, *buglia arsa* heisst. Oder ein dritter Fall: Das SchwD Wort *Bundhagge-n, Punthaggo* „eine Art Klammer" erscheint im Rmtsch als *punakel*. Lautgesetzlich liesse sich das Rmtsch Lautbild nicht erklären, nämlich nicht der Schwund des Dentals, es würde also eine volksetymologische Umformung vorliegen[3]). Nun hat aber auch eine SchwD M von GrB schon eine

---

[1]) „Espenblatt".
[2]) „Eisenbahn".
[3]) Die Endung *-el* für *-en* macht keine Schwierigkeit, solche Vertauschungen von Endungen sind im Rmtsch nichts Seltenes, VHu S. 97.

Variante ohne *d*, *Punhagge-n*. Ist nun Rmtsch *punakel* dieses *Punhagge-n* oder hat sich das GrB *Punhagge-n* unter dem Einfluss des Rmtsch umgeformt?

H. Bei **sekundärem Lehngut** des SchwD. Französisches *fusil* erscheint in den SchwD MM als *füsi*, im Rmtsch als *fisi*. Es ist absolut nicht auszumachen, ob das Rmtsch das Wort direkt aus dem Frz. oder auf dem Umweg über das SchwD erhalten habe, da in beiden Fällen das gleiche Resultat vorliegen muss.

I. Es gibt in den SchwD MM allerlei Wörter, die eher fremdartig klingen und die auch, in mehr oder weniger ähnlicher Lautgestalt, im Rmtsch wiederkehren, deren Etymologie und Herkunft aber nicht sicher ergründet ist, weshalb man auch die Entlehnungsfrage nicht sicher beantworten kann. Hieher gehören Bezeichnungen für „Dummkopf" wie SchwD *Tscholi*, *Tap*, *Lori*, *Galöri*, *Calöri*, Rmtsch *caleri*, *cucalori*, *tapatscholi*, *tapalori*, die z. B. im Märchen „Die Rätsel" = Ils legns vorkommen. Ferner der Ausdruck SchwD *Karsumpel*, Rmtsch *hardumbel* „Allerlei, Habseligkeiten". Aus dem Calender Romontsch 1904: „Alle Habseligkeiten der Truhe lagen schon auf dem Boden herum" = *'Gl entir hardumbel dil truchet schischeva schon pil plantschiu entuorn*.

Die verschiedenen Weisen der Aufnahme des SchwD Lehngutes.

26. Das Rmtsch hat sich das SchwD Lehngut auf sehr verschiedene Weisen zu eigen gemacht.

A. Das SchwD Sprachgut wird **tale quale herübergenommen**, z. B. das **Wort** *Heft* und das Wort *Pur* „Bauer". Beleg aus Sin Cadruvi: „Ein Heft, wo der Name und (das) Geschlecht des Bauers steht" = *In heft nua ch' il num e schlatteina dil pur stat*.

Die genannten zwei Beispiele bestehen aus einzelnen Wörtern. Es werden auch **Komplexe**, die aus mehr als einem Wort bestehen, entlehnt, aber weit seltener. Solche Komplexe sind einmal die Komposita. Bsp.: „Würste und solche Würste, die im SchwD Landjäger heissen" = *Li-*

giongias e landiegers. „Eine Art Bett, Karrenbett [SchwD *Charebett*] genannt" > *harabet*. Ferner ganze Phrasen, z. B.: *B'hüet is Gott* „Behüte uns Gott", *Sack voll Mehl*, Entstellung für *sackerment*. Aus der Passion von Somvix: „Behüte uns Gott, das machen sterben (= töten) ist gar grob" = *Pietisgott! Il far morir ei zun grob*. „Sackerment, ich hätte nie geglaubt, dass Herodes wäre so sehr ausser sich" = *Sag fol mel! Jeu ves mai cartiu, che Herodes fus aschi zun ord de sesezs*.

Ganz selten ist der Fall, dass bloss ein **Formativ** herübergenommen und einem einheimischen Grundwort angefügt wird. Hieher gehört *menderschaft* „Knabenschaft, Knabenverein", bestehend aus einheimischem *mender* „junger Bursche" und SchwD Formans *-schaft*.

B. Das SchwD Sprachgut wird **wörtlich übersetzt**. Ich nenne das oben unter A geschilderte Lehngut eigentliches Lehnwort, und das, welches hier unter B behandelt wird, **Uebersetzungslehnwort**. Bsp.: Die SchwD MM haben sonderbar klingende derbe Ausrufe, wie „Teufel hinein, Teufel ab einander" = *Tüfel ine-n, Tüfel ab enand*. Diese erscheinen im Rmtsch in wörtlicher Wiedergabe als *giavel en* etc. Beleg aus dem Drama „Der Diener zweier Herren" = Il survitur de dus patruns: „Aber zum Teufel, ihr macht mich fluchen" = *Mo giavel en! Vus figieis mei zundrar*. — „Im Hintergrund" lautet im SchwD *hinde-n zue*, und das tritt im Rmtsch in wörtlicher Wiedergabe als *davostier* auf. Aus dem Volksbuch von Kaiser Octavianus: „Leo stand im Hintergrund und wollte nicht geben sich selbst zu erkennen" = *Leo steva davostier e leva buca dar sesez d' enconuscher*.

Es findet sich auch der Fall, dass ein Teil des Komplexes tale quale herübergenommen, und ein Teil übersetzt wird. In *schan e spot* sind die Subst. beibehalten, die Konj. ist übersetzt.

C. Es werden **vollständige Gedankenganze**, z. B. Sprichwörter in engerer oder freierer **Uebersetzung** herübergenommen. Ein gemein SchwD Sprichwort lautet: *Richer Pure-n Töchter und armer Pure-n Chäs wärdid nid alt*[1]). Die

---

[1]) Die Töchter werden bald geheiratet, der Käse bald gegessen.

Rmtsch Wiedergabe lautet: „Die Töchter der Reichen und der Käse der Armen wird am ehesten reif" = *Las matteuns dils rechs et il caschiel dils paupers vegn il pli baul madir.*

D. Die Wiedergabe erfolgt **nach dem blossen Klang** ohne Rücksicht auf den Sinn. So wird bei Verben wie „angeben, annehmen" *an* nicht durch die sinnentsprechende Präp., § 9, sondern durch das ähnlich klingende *en* „in" wiedergegeben. Belege: „Kaum hat der Fürst Hosen an" [SchwD Inf. *a-n-ha*] = *Strusch ha il prenzi en caultschas.* „Nur Lumpen anziehen" [SchwD Idem] = *Trer en mo lumpas.* „Dennoch wollen wir es uns nicht zu Herzen nehmen" [*a-n-nä*] = *Denton lein nus buca seprender*[1]) *en.* „Fass an!" [Idem] = *Peglia en!* „Columbin macht sich daran [*macht si dra*] und trinkt" = *Columbin se fa en*[2]) *e beiba.* — In dem Worte „daheim" schwächen die SchwD MM „da" zu tonlosem *de* und dieses *de* wird tale quale ins Rmtsch hinübergenommen, als wäre es die einheimische Präp. *de.* Bsp.: „Wo bist du daheim?" [*deheim*] = *Nua eis ti de casa?* Aus der Bauerngeschichte Luregn „Lorenz": „Die daheim hatte er nicht gelassen in Vergessenheit" = *Ils de casa havev' el buca mess en emblidonza.*

E. Einheimisches Rmtsch Sprachgut wird auf die verschiedensten Weisen vom SchwD **affiziert.** Rmtsch *nausch* bedeutet „moralisch böse", und das ist die Grundbedeutung, wie die Uebereinstimmung des Lad *nosch* beweist. Nun braucht das SchwD „böse" auch im Sinn von „schadhaft", z. B. *bösi Hose-n*, und diese Bedeutung hat nun auch Rmtsch *nausch* angenommen, „schadhafte Strümpfe" = *Caultscheuls nauschs.*

F. Von dem ganzen Formen-, Bedeutungs- und Gebrauchsumfang eines Wortes wird **bald alles, bald so und so viel herübergenommen.** Erläuterndes Beispiel: SchwD *blutt* bedeutet „bloss, nackt, bar". Das Rmtsch braucht dieses Adj. ungefähr im gleichen Sinne. Das SchwD hat die drei spezifischen Anwendungen: *Blutti Schnegg* „Nacktschnecke",

---

[1]) *se-* auch für die erste Person.
[2]) „an" und „daran" gleichmässig durch *en* wiedergegeben nach § 73.

z'blutte-n Füesse-n „barfuss", *blutts Gäld* „bar Geld". Alle drei Anwendungen kehren im Rmtsch wieder: *Schnec blut; pei blut;* aus der Hexensage, „Der angebundene Fuchs" = L' uolp rentada: „Die Frau zahlt aus die Summe mit barem Geld" = *La signura paga ora la summa cun daner blut*. Das SchwD sagt *uf em Blutte-n* „auf dem Nackten" für „auf dem blossen Leib". Das Rmtsch hat diese Phrase ebenfalls: *sil blut*. Aus der Autobiographie von D. Balletta: „(Sie) haben ihm genommen alles das, was er hat gehabt auf blossem Leib, weg" = *An agli priu tut quei chel ha giu sil blut, naven*. Endlich hat das SchwD eine Ableitung *Blutte-n* „Waldlichtung", und diese Ableitung besitzt das Rmtsch ebenfalls als *blutta*. — Daneben gibt es nun aber im SchwD noch eine Menge von andern Ableitungen, Anwendungen etc. von *blutt*, die das Rmtsch nicht aufgenommen hat.

G. Das Rmtsch bringt bei den SchwD Entlehnungen allerlei **Umformungen** an, seinem allgemeinen Sprachgeist oder einzelnen einheimischen Mustern entsprechend. Das SchwD hat eine Wendung *im Zuck* „im Zücken", bedeutend „sofort". Diese erscheint nun im Rmtsch nicht als *el* [1]) *zuc*, sondern als *sil zuc*, wörtlich: „auf dem Zücken". Das Rmtsch hat nämlich eine gleichbedeutende Wendung *sil moment*, und darnach hat sich *sil zuc* gerichtet.

H. Wenn SchwD Lehngut einzieht, so wird in den einen Fällen das einheimische Wort, falls ein solches bestand, **ganz verdrängt, oder es bleibt daneben bestehen**. Neben *la trost* steht *la consolaziun*, aber neben *il pur* „Bauer" steht kein anderer Ausdruck, es ist aber anzunehmen, dass das Rmtsch, bevor *pur* aufgenommen wurde, auch einen, einen eigenen Ausdruck für „Bauer" hatte. Finden sich beide Ausdrücke, der bodenständige und der eingedrungene, neben einander, so ist nicht selten der SchwD der populäre, das Erbwort ist in den Hintergrund gedrängt. Huonder sagt VHu, S. 24, *plevon* < *plebanus* sei wenig üblich, gewöhnlich sei *farer* „Pfarrer", Genelin bemerkt S. 17, *avla* < *aquila* sei seltener gebraucht als *adler*.

---

[1]) *el* = *en il*.

Die numerische Stärke des im Rmtsch vorhandenen SchwD Lehngutes.

27. Von allen ins Rmtsch gedrungenen germanischen Sprachwerten sind die SchwD die zahlreichsten.

Die numerische Stärke des SchwD Lehngutes im Rmtsch ist gross, wie sich aus der ganzen vorliegenden Abhandlung ergibt. Nehmen wir einige Zählungen vor! Ich schlage aufs Geratewohl DecChr auf, ich treffe S. 10, es ist Volkspoesie, eine Seite im Märchen „Der König von Spanien oder St. Lorenz" = Il retg de Spagna ne Sogn Luregn. Diese Seite, 43 Zeilen, enthält folgende SchwD eigentliche Lehnwörter: Z. 2 *wacht*, Z. 4 *zuar*, Z. 16 *wacht*, Z. 21 *far il wander* „wandern", Z. 23 *halt*, Z. 23 *schon*, Z. 30 *schon*. — Nun schlage ich eine Seite in „Graubündner Blut" = Saung grischun, Ischi 1901, S. 92 ff., also in einem volkstümlich gehaltenen Produkt der Kunstpoesie, auf, ich treffe S. 118. Da zähle ich, auf 31 Zeilen, folgende Lehnwörter: *glieut* „Leute", *hottas* „Zügel", *lefzas* „Lippen", *bletsch* „nass", *geissla* „Geissel"[1]).

Noch eine Zählung, wobei beides gezählt werden soll, das eigentliche und das Uebersetzungslehnwort. Ich wähle den redaktionellen[2]) Leitartikel „Ein letztes Wort" = *In davos plaid*, Gasetta Romontscha, 29. Sept. 1904, 113 Zeilen. Hier finde ich vier eigentliche Lehnwörter aus dem SchwD: *schon*, *garegiar* „fordern" < *gäre-n*, *maniar* „meinen" < *meine-n*, *agen* „eigen" < *eige-n*. Ferner vier Uebersetzungslehnwörter: *udir ensemen* „zusammengehören", *surschar* „überlassen", *prender en* „einnehmen", *plischer giudlunder* „Vergnügen darüber"[3]). Dazu kommt noch eine Phrase, die dem Schriftdeutschen nachgebildet ist: „Die Revision unter Dach bringen" = *Metter la revisiun sut tetg*.

---

[1]) SchwD *Geisle-n*, *bletschnass* (für sich kommt *bletsch* nicht vor), *Lefze-n*; die übrigen Wörter sind schon vorgekommen.

[2]) Ich habe nicht beobachtet, dass diese Redaktion etwa besondern Purismus treibe, aber umgekehrt auch nicht, dass sie besonders germanisiert sei.

[3]) Wird später erklärt.

28. Die Entlehnung ist nach den einzelnen Bedeutungskategorien sehr verschieden. Baumnamen sind nur wenige entlehnt. Das sehr ausführliche Verzeichnis von Rmtsch Baum- und Strauchnamen, Ischi 1900, S. 62, hat nur *glienda* „Linde". Schimpfnamen sind in ausserordentlicher Zahl herübergenommen. — Präp. als eigentliche Lehnwörter gibt es nicht, Konj. viele. A. Tuor sagt Annalas 17, 255 von der Rmtsch M des Lugnetz: *Schon, aber, sonder, eben, überhaupt, zwar, toch* [1]) *ein en usit giencral* [2]).

29. Ausserordentlich zahlreich sind die Uebersetzungen von SchwD. Komp., bestehend aus Präp. + Verb, wie „annehmen, ausgeben". Komp. mit *dar* „geben" finden sich u. a. folgende: „Niutschwang ist von den Russen aufgegeben" [Inf. *ufgä*] = *Niutschvan ci daus si dals Russ.* „Wie das Datum angibt" [*a-n-gä*] = *Sco il datum dat en.* „Jedermann gab zu [*suegä*], dass etc." = *Tut che deva tier che.* „Für einen Propheten gibt er sich aus" [*usgä*] = *Per in profet el se dat ora.* „Sich abgeben mit" [*abgä*] = *Sedar giu cun.* „Nachgeben" [*nagä*] = *Dar suenter.*

30. Solche Tatsachen wie die eben angeführten pressen dem patriotischen Bühler in einem kleinen Aufsatz in den Annalas die Klage aus: „Wir besitzen gegenwärtig gar wenig Verben, die wirklich Rmtsch sind" = *Nus possedein da present be paucs verbs che sun veramein romanschs.* Dieser pessimistische Ausbruch ist arg übertrieben. So siech und degeneriert, dass sie nur noch auf germanischen Krücken daher humpeln könnte, ist Mumma carina gewiss nicht. Ich will eine beliebige Seite der Chrestomathie aufschlagen, es ist II, 1, S. 77. Die ersten vier Zeilen enthalten acht Verben, darunter sieben verschiedene, und alle samt und sonders sind rein Rm: „Nachdem sie gehört hatten [3]) von ihrer Mutter das Schicksal der Schwester, haben sie gehabt keine Ruhe. Der älteste Bruder hat genommen das schönste Pferd, das sie hatten in (dem) Stall, und ist gegangen zu suchen den Fürsten der

---

[1]) *toch* und *sonder* sind spezifisch SchwD Formen.
[2]) „sind in allgemeinem Gebrauch".
[3]) Sklavisch wörtlich: „haben gehabt gehört".

Sonne. Nach langer, langer Reise ist er angekommen bei einem Haus, (einem) grossen und hohen, wo er hat angebunden sein Pferd neben der Tür" = *Suenter ch'els han giu udiu de lur mumma la sort della sora, han ei giu negin ruaus. Il fra vegl ha priu il pli bi cavagl, ch'ei vevan en nuegl, et ei ius ad encurir il prenci dil sulegl. Suenter liung, liung viadi eis el arrivaus sper ina casa gronda et aulta, nua ch'el ha ligiau siu cavagl spella*[1]) *porta.* Und die Sage vom Palladium des Rmtsch Volkes, vom Ahorn in Truns, DecChr II, 1, 147, hat unter sieben Verben ein einziges germanisches, *flessiau* „geflossen"; und unter einundsiebzig Wörtern überhaupt nur zwei, die nicht heimatliches Gut sind, *flessiau* und *Franzos;* diese ehrwürdige Sage tritt uns also noch sozusagen in unbeflecktem Gewand entgegen.

31. Wenn ich also Bühlers Auslassungen entgegentreten muss, so finde ich das Bedenkliche doch auch auf dem gleichen Gebiet wie er, nur sehe ich's in anderer Weise: Diese Uebersetzungen der SchwD Verbalkomp. sehen auch gar unromanisch aus. Denken wir uns einmal den Satz „Der Wind hat nachgelassen" [*nag'la*] = *Il luft ha schau suenter*, französisch, wie sonderbar klingt das: *Le vent a laissé après*.

Puristische Bestrebungen.

32. Die Rmtsch Nation der Gegenwart hegt und pflegt ihr Volkstum und ihre Sprache mit ergreifender Anhänglichkeit, daher begreifen wir ohne weiteres, dass sich puristische Bestrebungen regen müssen. Doch gehören die Anfänge derselben nicht erst der Jetztzeit an, wir finden solche Aeusserungen mehrfach schon in verflossenen Jahrhunderten. Luci Gabriel, der Uebersetzer der Bibel, 1648, sagt in der Vorrede: „Ihr wisst, dass wir haben eine arme[2]) Sprache, in welcher es fehlt (= fehlen) viele Wörter; und besonders brauchen wir im Romontsch manches deutsche Wort; aber

---

[1]) *spella* = *sper* + *la.*
[2]) Der gleiche grundlose Pessimismus wie bei Bühler, § 30.

ich habe, wo es ist gewesen möglich, zu finden Romontsche Wörter, lassen gehen die deutschen" = *Vus saveits, ca nus vein ün languaig pauper, ent ilg qual ei mounca bear plaids, a cuntut duvrein nus en Rumonsch anqual plaid Tudesc; mo ou hai, nn' ch'ilg ei stau pusseivel dad afflar plaids Rumonschs, laschau ir ils Tudescs.*

Ueber die neuern Bestrebungen teilt Morf in dem § 21 genannten Werk einiges mit. Gesunde Anschauungen äussert Muoth, Normas ortograficas, S. 6. Im übrigen siehe § 36.

Romontsches Lehngut im SchwD.

33. In den Gegenden, die ursprünglich RtRm waren und die jetzt germanisiert sind, ist allerlei RtRm und also auch Rmtsch Sprachgut haften geblieben; und anderes hat sich selbst über die ursprünglichen Grenzen hinaus verbreitet. Rmtsch, Lad *pass* „verwelkt" hört man nicht nur im SchwD von GrB, sondern auch von St. Gallen und Glarus; RtRm Ortsnamen hat auch die Zentralschweiz. Solches RtRm Lehngut im SchwD ist schon mehrere Male das Objekt der Forschung geworden. Am einlässlichsten ist dieser Gegenstand natürlich im Idt behandelt. Der Zufall fügt es, dass im Idt von IV, 1146 an eine ganze Reihe solcher Wörter zur Besprechung kommen.

Mit einer dieser Schriften muss ich mich noch auseinandersetzen, es ist dies M. Kuoni, „Reste der Romontschen Sprache in den Tälern der Landquart und der Plessur" = Restanzas dil lungatg romonsch en las valladas della Landquart e della Plessur, Annalas 1886, S. 305 ff. Gegen Kuonis Aufstellungen ist manches einzuwenden:

A. Kuoni leitet das GrBdeutsche *baiza* „abmühen" von RtRm *peisa* „Gewicht" ab. Diese Ableitung macht lautlich und inhaltlich Schwierigkeiten, die beiden Wörter haben miteinander gar nichts zu tun, die richtige Ableitung von *beize-n*, wie die gemeinSchwD Form lautet, bringt das Idt IV, 1983.

B. Kuoni meint, das GrBdeutsche *ararna* sei das Rmtsch *arniar* „erwerben", es sei also zur Zeit, da das RtRm aus diesen Gegenden schwand, in deutsch GrB haften geblieben.

Aber *arne-n* ist ein allgemein SchwD Wort, es ist also viel natürlicher, anzunehmen, *ararna* sei mit dem SchwD, als es in diese Gegenden drang, eingeführt worden. — Uebrigens ist GrBdeutsch *ararna* gar nicht identisch mit RtRm *arniar*, denn *arniar* ist gewöhnliches SchwD *arne-n*, *ararna* ist dagegen GrB Aussprache für gewöhnliches SchwD *er* + *arne-n*.

C. Kuoni nimmt an, allgemein verbreitete Kulturwörter, wie *Pagode* „bewegliche Puppe" seien vom RtRm her in deutsch GrB haften geblieben. Ist kaum glaublich. Ja, es ist anzunehmen, dass in den Jahrhunderten, da das RtRm aus diesen Gegenden schwand, Wörter wie *Pagode* im RtRm noch gar nicht vorhanden waren.

Wenn man die hier angehobenen Untersuchungen weiter und zu Ende führen würde, so würde sich ergeben, dass siebzig bis achtzig Prozent von den Aufstellungen Kuonis gestrichen werden müssen. Aber auch so bleibt Kuonis Abhandlung noch wertvoll.

Das Rmtsch als Quelle für SchwD Forschungen.

34. Wir haben vernommen, dass das Rmtsch schon frühe und in grossem Masse SchwD Lehngut aufgenommen hat. Es ist nun denkbar, dass wir unter dieser Fülle auch SchwD Sprachgut finden, das wir aus einheimischen SchwD Quellen, den lebenden MM oder der ältern Litteratur, nicht kennen. Und wirklich gibt es solche Fälle.

A. In einer recht volkstümlichen Stelle von A. Tuors Dramen treffe ich das Wort *huzerlimuz* „Popanz, Teufel". Das Idt hat dieses **Wort** nicht, aber es könnte ganz gut SchwD sein, gibt es doch ein synonymes Subst. *Hurrlimuz* und ein mit *hurrle-n* „wirbeln, heulen, verworren sein" synonymes *hutzere-n*. Wie käme nun das Rmtsch zu diesem Wort, wenn es dasselbe nicht aus dem SchwD bezogen hätte? — Die SchwD MM verwandeln schliessendes -*e* lat. Wörter in -*i*, *aparti*, *Misereri*. *Aparti* ist auch Rmtsch, und es gelingt nicht, Rmtsch *aparti* direkt aus lat. *aparte* abzuleiten, die Lautgesetze stehen dem entgegen, also ist Rmtsch *aparti* aus dem SchwD herübergenommen, entlehntes sekundäres Sprachgut. Nun hat das Rmtsch auch ein *pareri* „Meinung"; Beleg aus dem Cumin d'Ursera: „(Um) mit Fäusten zu verteidigen, ein jeder, seine Ansicht" == *Culs pugns de defender scadin siu pareri*. Es verzeichnet zwar für das SchwD das Idt kein solches *Pareri*, aber wie wollte auch hier das Rmtsch zu diesem Ausdruck in dieser Form kommen, wenn es denselben nicht dem SchwD verdankte?

B. Aber nicht nur Wörter, sondern auch **Wortgestaltungen** werden durch das Rmtsch für das SchwD erwiesen. Das SchwD fügt vielen Ausrufen und Anrufen die Partikel *-o* an: *Manno* „he Mann!", *hü* oder *hüo* „vorwärts!". Nun verzeichnet das Idt nur ein *hes* „zurück", kein *heso*, aber dieses ganz gut denkbare *heso* hat das Rmtsch, Carigiet S. 135. — Eine Art Gestell heisst im SchwD *Närri*, im Rmtsch *narra*, Annalas 17, 254. Es ist nicht denkbar, dass das Rmtsch *-i* in *-a* gewandelt habe, sondern wir müssen uns eine SchwD Nebenform *Narre-n* denken, gerade wie im SchwD *Blütti* und *Blutte-n* „Lichtung" nebeneinander stehen. — Ebenso sind *Leisch*[1]) als Nebenform zu *Leist* „Leisten", *Netzli*[2]) als Kleidungsstück durch das Idt nicht belegt, sie sind aber durchaus mögliche Erscheinungen und im Rmtsch sind sie vorhanden. — Es gibt ferner eine in der ganzen, auch in der Ost- und Zentralschweiz verbreitete Wortfamilie, die sich auf eine Wurzel *läff* stützt, und welche die verschiedensten Ableitungen aufweist, z. B. *Läff* „Person mit unflätigem Maul", *g'läfe-n* „derbe Reden führen". Ein Subst. *Läffe-n* ist bisher nicht bekannt gemacht worden, wohl aber existiert es im Rmtsch als *leffa* „Schimpfwort".

C. Auch für die **Verwendung von Wörtern** kann uns das Rmtsch Winke geben. Das SchwD braucht gewisse Adj., die einen physischen oder psycho-physischen Zustand angeben, ohne weitere Veränderung als mask. Subst. *Nüechter* bedeutet „nüchtern" und *wunderlig* „launenhaft"; und *de Nüechter* ist „Nüchternheit", *de Wunderlig* „schlechte Laune".

---

[1]) Es ist nicht daran zu denken, dass das Rmtsch das *t* abgeworfen habe, denn in Erbwörtern bleibt schliessendes *st*, z. B. in *trest* „traurig" < lat. tristis.
[2]) Annalas 1894, S. 112.

Bsp.: „Die Ziegen haben schlechte Laune" = *D' Geisse-n hend de-n Wunderlig*. Im Rmtsch ist nun *neher* < *nüechter* ebenfalls Adj. und zugleich mask. Subst. Nun hat aber das Rmtsch noch zwei solche Fälle: *il bled* „Schwäche vor Hunger" ⌒ *blöd* und *il schuingli* „Schwindel" ⌒ *schwindlig*. Beleg: „Auch den Schwindel, behauptet man, dass die Ziegen oft bekommen" = *Era il schuingli pretendan ei che las cauras survegnien beinduras*. Und diese beiden Fälle sind im SchwD nicht belegt. Hat nun das Rmtsch von sich aus diese Substantivierung geschaffen, oder sind die Fälle aus dem SchwD herübergenommen, in dem sie wirklich vorhanden, nur noch nicht bekannt gemacht worden sind? Das letztere ist wohl annehmbarer.

D. SchwD Sprachgut, wofür das Idt zwar sichere, aber ganz **vereinzelte Zeugnisse** hat, findet sich im Rmtsch wieder, wodurch jene Sicherheit erhöht wird. Für „Arm bei der Garnwind- oder Spulvorrichtung" hat das Idt, einmal belegt, den Ausdruck *Lilänzli*; im Rmtsch kehrt derselbe als *lililans*, DecChr. II, 1, S. 170 wieder.

E. SchwD Sprachwerte, die nur **schwach bezeugt** sind, und die das Idt nur unter Vorbehalt vorführt, werden durch das Rmtsch sichergestellt. Das ist der Fall mit *grubig* „narbig", Idt II, 691, Rmtsch *grubi*, Genelin 25.

F. Die Sache kann nun so liegen, dass die angeführten Sprachwerte wirklich im SchwD vorhanden, aber nur noch nicht bekannt gemacht worden sind. Es ist aber auch denkbar, dass sie, oder wenigstens die einen von ihnen ausgestorben sind. Gleichgültig, vorläufig ist ihre Existenz für das SchwD durch das Rmtsch erwiesen. Der Zufall fügt es, dass die Zahl solcher Sprachwerte, wie sie dieser Abschnitt behandelt, gar nicht klein ist. Es würde sich daher lohnen, sie in einem eigenen Aufsatz zu behandeln, siehe § 36.

Schweizerdeutsch, Rätoromanisch, Oberitalienisch.

35. Gerade wie ins RtRm, so sind auch in oberital. MM SchwD Lehnwörter gedrungen, nur in weit geringerer Zahl. Ein Beispiel ist *trocli* „kleine Truhe" ⌒ SchwD *Truckli*.

Einige dieser Wörter finden sich sowohl im RtRm, als im Oberital., so SchwD *Beckli* „Tasse", Rmtsch *pecli* und in einigen Gegenden des Tessin *becli*. Bei einigen ist wahrscheinlich, dass sie durch RtRm Vermittlung ins Oberital. gedrungen sind, so bei *gionfra* „Jungfrau", das sich in dem ans RtRm Gebiet anlehnenden Puschlav findet, Lad heisst es *giumfra*, *giunfra* und Rmtsch *giunfra*, auch *junfra*. Im Rmtsch figuriert es besonders oft in Volksliedern, so DecChr II, 1, 321: „Nun so geh', Jungfer Susanna, mit den Läusen in dem Hemd" = *Mo sche va, junfra Susana, culs plugls en la camischa*.

Auch auf diesem Gebiete wird das Idt kaum herangezogen und auch hier rächt sich diese Unterlassung. W. Bruckner in seiner mit Recht gerühmten Charakteristik der germanischen Elemente im Italienischen sieht S. 32 wohl ein, dass *gionfra* mit seinem tonlosen Auslaut nicht auf *Jungfrau* zurückgehen kann, er will es daher an *Jungfer* anknüpfen. Das führt kaum zum Ziel, denn auch so bekommen wir keine Erklärung für das auslautende *a*. Nun aber lautet dies Wort in den meisten, auch in ostschweizerischen und GrB MM *Jungfere-n*, *Jumpfere-n*, wobei auslautendes *-ere-n* gesprochen wird wie in Nhd. „*mehreren*". Ferner sprechen mehrere SchwD MM, und zwar gerade solche von GrB schwachtoniges *a* für schwachtoniges *e*, also *Jumpfara-n*, und aus dieser Variante ergibt sich ohne weiteres RtRm *giumfra*, *giunfra* und damit auch oberital. *gionfra*.

Andere Themata, die sich an das vorliegende anschliessen können.

36. Wenn ich den von mir gesammelten Stoff überblicke, so ersehe ich, dass sich neben dem vorliegenden noch folgende Themata aus demselben herausschneiden liessen:

Das vorschweizerische germanische Lehngut im RtRm.

Das SchwD Lehngut im Lad.

Das Lehngut der Oberwalliser und der Monterosa MM, das sich im RtRm findet, ein Beitrag zur Walliser- und Walserfrage.

Die Metaphern, poetischen Formeln und Sprichwörter des Rmtsch und des Lad, welche dem SchwD entnommen sind.

Die Beeinflussung der Sprache der RtRm Weistümer durch die schweizerische Rechtssprache.

Die puristischen Bestrebungen der RtRm.

Das RtRm Sprachgut im SchwD.

Die RtRm Ortsnamen der Zentralschweiz.

Die Germanisierung des RtRm, verglichen mit der des Wendischen. — Hier wird der Bearbeiter sein Augenmerk besonders auf die syntaktischen Verhältnisse richten müssen.

Diese Themata will ich wegen anderweitiger Pläne nicht selber ausarbeiten, ich glaube aber versichern zu dürfen, dass es interessante und dankbare Materien sind, und dass genug Stoff vorhanden ist, um ihrer Bearbeitung einen gewissen abgerundeten Umfang zu verleihen. Ich kann sie daher mit bestem Gewissen der Behandlung empfehlen. Für mich möchte ich nur das § 34 am Schluss angedeutete Thema reservieren: „Das RtRm als Quelle für SchwD Forschungen."

Wenn ich das in diesem Paragraphen Gesagte noch einmal überblicke, so glaube ich aussprechen zu dürfen, dass die germanistische Durchforschung des RtRm eine eigene kleine Provinz der deutschen Philologie bilden wird.

Spezieller Teil.

Entlehnung von primärem und von sekundärem SchwD Sprachgut.

37. Das Lehngut, welches das Rmtsch dem SchwD verdankt, ist, wie übrigens selbstverständlich, im SchwD zum grössten Teil primär, dieses primäre Gut macht also auch hauptsächlich das Material der vorliegenden Abhandlung aus. Es ist daher nicht nötig, dass ich hier, § 37, Einzelheiten anführe. Ich beschäftige mich also hier nur mit dem sekundären Material, im Verlauf der Abhandlung aber komme ich nur mehr selten auf dasselbe zu sprechen.

A. Das SchwD hat lat. Lehngut mannigfach umgeformt. So erscheinen die Wörter auf *-atio* im SchwD mit einem Ausgang auf *-atz* und sind männlich, das Rmtsch wandelt dagegen *-atio* in *-aziun*. SchwD Beispiele: *Burgatz*, *Appellatz*, *Repetatz*, *Disputatz*. Von diesen treffe ich im Rmtsch besonders *appellaz*, in den Weistümern, und *burgaz*. Aus dem Fastnachtspiel „Das Narrengericht" = La dertgira nauscha: „Gehen zum Arzt für eine Abführung" = *Ira tiel miedi per in burgatz*. — In alten Entlehnungen aus dem Lat. erscheint anlautendes *v* im SchwD als *w*, z. B. *Wi* < *vinum*, in neuen als *f*, z. B. *Fiole-n* „Pflanzenname". Wenn nun Luzi S. 48 meint, lat. *v* sei in der subselvischen Abteilung des Rmtsch als *v* geblieben, nur in *fiola* sei es zu *f* geworden, so wäre eine solche vereinzelte Ausnahme unbegreiflich. Nein, das subselvische *fiola* ist eine Entlehnung aus dem SchwD.

B. SchwD Umformungen bekannter **franz**. Wörter sind *marodi* „kränkelnd", *allo* „lasst uns gehen", *adies* „leb wohl", *Kunzine* „Anweisung", *Puffet*[1]) „Büffett". Alle kehren auch im Rmtsch wieder, *pufet* mit zurückgezogenem SchwD Akzent, VHu 97. Belege: Aus dem Märchen „Der dankbare Frosch" = La engrazieivla reuna: „Der Frosch hat Abschied genommen von ihm" = *La reuna ha priu adies ded el*. Aus dem Schauspiel „Die heilige Genoveva" = Sontgia Gienoveva: „Sputet euch, tut das, was ich habe befohlen" = *Allo, figici quei ch'jeu hai cumendau*. Aus der Viafier Sursilvana: „Wenn Ihr nicht befolgt genau unsere Anweisungen" = *Sche vus suondeis buc exactamein nossas cunzinas*.

C. Das Wort „Kerl" ist kein SchwD Erbwort, sondern Lehngut aus dem **Nhd.**, aber die meisten SchwD MM haben es zu *Kerli* erweitert, im Anschluss an gleichbedeutendes *Chnülli*. Ferner ist aus echt SchwD *Waaffe-n, Wooffe-n* und gleichbedeutendem Nhd. *Wappen* die Kontaminationsform *Wope-n*, mit kurzem oder langem Vokal, entstanden, welche das echte *Waaffe-n, Wooffe-n* fast verdrängt hat. — Beide Wörter sind auch ins Rmtsch gedrungen als *cherli* und *uopen*. Beleg aus der Abhandlung: Adalbert II. de Medell-Castelberg, avat[2]) de Muster[3]): „Auf dem Wappen, welches prangt über dem Portal des Klosters" = *Sigl uopen, che paradescha sul portal della claustra*.

D. Das Rmtsch besitzt allerlei **Kulturwörter** in der Gestaltung, welche ihnen die SchwD MM aufgeprägt haben, z. B. *tubac, rabarbra*, Carigiet S. 371 und S. 251, SchwD *Tubak* und *Rabarbere-n*.

Sprachlich-Geographisches.

38. A. Das Rmtsch hat einmal SchwD Lehngut, welches **allgemein schweizerisch** ist. Die gemeinSchwD Benennung des „Alauns" ist *Alet*, und dies ist auch Rmtsch, Carigiet S. 6.

---

[1]) Auf der ersten Silbe betont.
[2]) „Abt".
[3]) „Disentis".

B. Viel Besonderes hat die **ostschweizerische** MM Gruppe, so sagt diese Gruppe *Chante-n*, während die übrige Schweiz *Channe-n* „Kanne" verwendet. Das Rmtsch hat die ostschweizerische Form aufgenommen, lautgesetzlich zu *honta* umgeformt.

C. Sehr viele Spezialitäten weisen die SchwD MM von **GrB** auf. Alle SchwD MM sagen für „testieren" *vermache-n*, GrB hat *ufmache-n;* alle sagen für „Lumpen" *Huder* als Mask., nur GrB hat *Hudere-n* als Fem.; nur GrB braucht *Gaumer* im Sinn von „Gefängniswärter", nur GrB hat das Kompositum *i-n-lappe-n* „einschlürfen". Alles dieses spezifisch GrB Sprachgut kehrt im Rmtsch wieder. Aus dem Calender Romontsch: „Die Patin sollte testieren alles der Lina" = *La madretscha duevi far si tut alla Lina*. Aus einem Weistum: „Mit den Gefängniswärtern zusammengehen" = *Ira*[1]) *cun ils gaumers ansembel*. *Hudra* und *lappar en* bei Carigiet S. 137 und S. 156.

D. Allerlei Besonderheiten, welche das Idt nur aus dem **Wallis** und den dazu gehörigen MM südlich vom Monte Rosa belegt, kehren im Rmtsch wieder. So hat das Idt nur aus dem Wallis die Wendung: *Er ist mu nit Fietri* = „Er ist ihm nicht Kleiderfutter", d. h. „bei weitem nicht gewachsen", und diese Wendung treffe ich wörtlich[2]) gleich Annalas 1896, S. 115: „Der zehnte August ist nicht einmal Futter (ist nicht zu vergleichen mit) dieser Barbarei" = *Ils 10 d' Uost ein gnanc fieter encunter quella barbaria*.

E. Es ist mir nicht gelungen, besondere und auffällige Entlehnungen aus der **Zentralschweiz,** die doch auch zu vermuten wären, aufzudecken.

F. Auffällig ist es, wenn das Rmtsch SchwD Lehngut aufweist, das nur in einer Ecke der Schweiz, weit **entfernt von GrB** sich wiederfindet. Für „feucht" hat Genelin S. 23 *fiechti*. Das Idt kennt das entsprechende SchwD *füechtig* nur aus Basel. — Die Erklärung wird einfach darin liegen, dass *füechtig* auch anderswo in der Schweiz vorkommt und nur noch nicht aufgezeichnet worden ist.

---

[1]) Nicht sicher aufgeklärte Nebenform von *ir* „gehen", siehe VHu S. 95.

[2]) Nur ist nicht das Wort *Fietri*, sondern das synonyme *Fueter* herübergenommen.

Chronologisches.

39. A. Wir finden SchwD Lehngut schon in den ältesten Rmtsch Schriften und relativ gleich zahlreich wie heute.

Im ältesten Denkmal der surselvischen Litteratur[1]), in Bundis Jerusalemreise vom Jahre 1591 finden wir SchwD Lehnwörter wie: „Mit freiem [Nom. *fri*] Willen" = *Cun fria veglia*. „Wie (es) das Sprichwort [Idem] ist" = *Sco ilg ei ilg sprichvort*. „Vier Büchsenschüsse" [Nom. Sing. *Schutz*] = *4 Schuz de buis*. „Schultheiss" [*Schultis*[2])] = *Schultis*. — Und so durch die ganze Schrift hindurch, es finden sich weder mehr noch weniger SchwD Lehnwörter, als ein Text ähnlichen Inhalts heute aufweisen würde.

In der Vita des Priesters Rusca vom Jahre 1685 finden sich auf einer Druckseite, 43 Zeilen, folgende SchwD Lehnwörter: *Buordi* „Amt", *schubradat* „Reinheit", *ifer* „Eifer", *hass* „Hass", *Buis* „Büchsen", *Vaffens* „Waffen", *Morder* „Mörder", *erbarm* „Erbarmen", *gleiti* „rasch" < SchwD *gleitig*, *sblundergiau* „ausgeplündert", *risti* „Vorrat" < SchwD *Rüstig*. Alle diese Lehnwörter sind auch heute im Rmtsch Volksmund allgemein gebräuchlich.

B. Vielerlei SchwD Sprachwerte, welche das Idt nur aus frühern Jahrhunderten belegt, finden sich im Rmtsch wieder, meist heute noch lebend. Diese müssen also auch in früherer Zeit eingedrungen sein. „*Heftig*" im Sinn von „schwer zu bewältigen" belegt das Idt nur aus dem 14. und 15. Jahrhundert. Es findet sich in der Rmtsch Litteratur u. a. im Märchen vom „Jäger" = *Il chitschadur*: „Ihr habt es gehabt so schwer zu töten die Mörder" = *Vus havais giu aschi hefti de mazzar ils morders*. „Bitter" in der Bedeutung von „übelwollend" kennt das Idt nur aus dem 16. Jahrhundert. Das Rmtsch hat es oftmals in der ältern Litteratur, dagegen hat man mich darauf aufmerksam gemacht, dass diese Be-

---

[1]) Das Original ist nicht mehr vorhanden, aber der Herausgeber sagt, dass die vorhandenen Handschriften sehr wenig voneinander abweichen, daher werden die Lehnwörter auch im Original gestanden haben.

[2]) Das *i* ist schwachtonig.

deutung heute nicht mehr im Volksmund lebe. Beleg aus dem Octavianus: „Das Fräulein Marcebyla war nicht feindlich gesinnt gegen sie" = *La Dunschala Marcebyla era buca petra encunter quels.*

Lexikographisch-Kulturhistorisches.

40. SchwD Lehngut im Rmtsch, welches **allgemeine Eigenschaften** der Dinge bezeichnet: *Zäch, zäi* „zähe" > *zai*. *Zart* > *zart*. *Sterrig* „starr" > *steri*. *Tangg* „teigig" > *tanc*[1]). Aus einer Sammlung von Landwirtschaftsregeln: „Ist es heiss die erste Woche des August, gibt es einen rauhen [*ruch*] Winter" = *Fa ei cauld l'emprima jamna d'Uost, dat ei in ruch unviern.*

Von den Farbenbezeichnungen kann nur *falc* „weissgrau", Carisch S. 51, < *falch* mit Sicherheit dem SchwD zugeschrieben werden, die übrigen Farbenbezeichnungen des Rmtsch, die germanischen Ursprungs sind, gehören sehr wahrscheinlich zu den vorschweizerischen Entlehnungen.

41. SchwD Entlehnungen im Rmtsch, welche **Natur, Landschaft, Pflanzen, Tiere** bezeichnen: „Ein Schiff, ausgesetzt zwei entgegengesetzten Winden" [*Luft*, Mask.] = *Ina nav exponida a dus lufts contraris.* Aus der Fabiola: „In leichten Wellen [*Welle-n*] fliesst das Wasser über den Rand des Brunnens hinaus" = *En levas vellas cuora l'aua sur igl ur della fontauna ora.* „Durch ihre heissen Strahlen" [*Strole-n* Fem. Sing.] = *Entras sias cauldas strolas.* Aus dem Octavianus: „Ein Weg, der führte auf einen hohen Felsen" [*Felse-n*, meist Fem.] = *Ina via che menava sin in' aulta felsa.* Aus einer Grabrede vom Jahre 1659: „Wie das Gras draussen auf dem Feld" [Idem] = *Sco l'erva ora silg feld.*

Pflanzen. „Ueber dem Wald" (von Flims), d. h. „surselvisch" = *Sur 'gl uaul. Wiechsle-n* „Weichselkirsche" > *viexla*, Carisch S. 180 [2]). *Nätsch* „Nardus stricta" > *netsch*.

---

[1]) Huonders Anknüpfung an ein Stalderisches *täng*, VHu S. 26, ist nicht gut.

[2]) Das früher genannte Baumverzeichnis nennt dieses Wort nicht.

Mutte-n „Meum Mutellina" ⊐ *muot*¹). „Stiel [Idem] und Blume" = *Stil e flur*. Aus einem Schulbuch: „Ihre (der Lärche) Nadeln sind hellgrün und stehen in Büscheln" [GrB *Puschel*] = *Sias guilas ein clar-verdas e stattan en puschels*.

Tiernamen. Aus einer Beschreibung von Volksgebräuchen: „Zuletzt gab St. Niklaus einen Segen und setzte sich auf sein armes Tierchen" = *Il davos deva S. Clau ina benedicziun e semetcva sin sin pauper thieret*²). Aus Märchen und Kindergeschichten: „Eine Ente [*Ente-n*] und ein Hase" = *Ina enta et ina lieur*. „Das Ei eines Hähers" [*Hatzle-n*] = *Igl jev d'ina hazla*. Aus der Novelle „Steinbock und Adler" = Capricorn ed evla: „Das Pferd [M von OSax *Hobbi*] wittert nichts Gutes" = *Il hobi smina nuot bien*. Nach dem Idt ist in verschiedenen MM *min* Lockruf für Katzen und *Minni*, im Wallis *Mine*, Ausdruck für „Katze". Diese beiden Wörter kehren nach Carigiet S. 181 im Rmtsch wieder als *min* und *mina*, letzteres entspricht genau der Walliser Variante.

42. Dorf und Stadt: „Auf dem Hof [Idem] zu Vazerol" = *Sil hof de Vazerol*. „Dörfer, Burgen [Idem], Städte" = *Vitgs, burgs, marcaus*. Aus dem Gebetbuch „Kurze Gebete" = Cuortas Devoziuns, S. 28: „Was für Sünden habe ich begangen auf (der) Strasse [*Gass*, aber auch *Gasse-n*] mit Knaben und Mädchen" = *Tgiei puccaus hai jau comess sin gassa cun buobs e buobas*.

43. Landwirtschaft, Viehzucht und Molkerei. Aus dem Robinson: „Er wollte zusammenbringen viel Mais [*Türke-n*] in seine Höhle" = *El voleva rabitschar bia terc en sia tauna*. *Zwetschge-n* „Zwetsche" ⊐ *zuetschca*, Genelin S. 41. Eine Art Wagen, genannt *Leiterwage-n* ⊐ *carr de laitras*. „Jauche-[*Gülle-n*]-Pumpe" = *pumpa de ghella*. *Triste-n* „Schober" ⊐ *tresta*. M von OSax: *Bracha* „Hanfbreche" ⊐ *braha*. *Multe-n* bedeutet in verschiedenen SchwD MM „Kufe", in manchen speziell „Kufe, um Schweine zu brühen". Dieses *Multe-n* ist als *muolta* in dem Aufsatz: „Il Romontsch della Lumnezia"

---

¹) Das Idt stellt IV, 579 zu SchwD *Mutte-n* das RtRm *muclina*, aber Rmtsch *muot* steht viel näher.

²) *-et* ist Deminution.

angeführt und ganz gleich glossiert: *Muolta, bignera per sbuglientar ils porcs*. *Mälchtere-n* „Melkkübel" > *meltra*. Aus einer Beschreibung von Volksgebräuchen: „Der Senn schickt den Jungen mit einem Milchtraggefäss [*Brente-n*] in eine andere Hütte" = *Il signun termetta il buob cun ina brenta en ina autra tegia*. *Gelti* „eine Viehkrankheit" ~ *gelti*. Mit *rite-n* „reiten" wird ein abnormer Zustand des Viehes bezeichnet, und Carisch sagt 135: „Die Kuh reitet" = *La vacca rietgia*. *Sguriera* „die unfruchtbare Kuh" ist eine Weiterbildung von SchwD *Gurre-n* „schlechtes Stück Vieh"[1].

44. Haus und Scheune. „Scheune und Schuppen" [*Berge-n*] = *Clavau e bargia*. „Nachdem er gewesen war lange in der Kammer" [*Stübli*] = *Suenter esser staus*[2]) *ditg en stebli*. — Aus dem Octavianus: „Seht, wie dieser (Ritter) glänzt, wie wenn man ihn hätte gezogen aus (dem) Abtritt" [*Hüsli*] = *Mirei co quel terlischa, sco sch'in vess tratg quel ord hissli*. „Auf dem Sims [*Sims, Sems*] des Fensters" = *Sin il sems della fanestra*. „Der Riegel [*Rigel*] des Tores" = *Il righel della porta*. „Die Klinke [*Falle-n*] der Türe" = *La falla digl esch*. Aus der Erzählung Sigisbert: „Retus macht ein Dach mit Latten" [*Latte-n*] = *Retus fa in tetg cun lattas*. Aus einem Schullesebuch: „Der Maurer hat ausgefüllt das Fachwerk" [*Rigel*, Plur.] = *Il miradur ha empleniu ora ils righels*. Aus einer Beschreibung von Mukden: „Die Tempel von Confucius, bedeckt mit gelben Ziegeln" = *Ils tempels de Confucius curclai cun zieghels melens*. Aus der Chronik, genannt Cuorta Memoria: „Setzen in Stand [Idem] das Kloster" = *Metter en stand la claustra*. In den SchwD MM von GrB und Wallis bedeutet *Chripfe-n, Chripp* „Krippe" so viel wie „Abteilung, Standort für eine oder zwei Kühe"; Carisch führt dieses Wort, in sonderbarer Orthographie, als *hrippa*, auch für das Rmtsch in ähnlicher Bedeutung an.

45. Geräte und Werkzeuge. Das Wort *Waffe-n* bedeutet in manchen SchwD, auch in GrB MM so viel als

---

[1]) Huonders Darlegungen, VHn S. 19, der sich auch hier auf Stalder, statt auf das Idt bezieht, sind vag.

[2]) Sklavisch wörtlich: „Nach sein gewesen".

„Werkzeug", und in dieser Bedeutung ist es auch ins Rmtsch gedrungen. Aus einem Statut von Tavetsch vom Jahre 1818: „Geräte um (zu) machen Heu" = *Uaffens per far fein*. Aus dem Octavianus: „Der Kopf auf einer langen Stange" [*Stange-n*] = *Il tgiau sin ina liunga staunga*. „Das Blut floss wie aus einem Rohr" [Idem] = *Il saun curreva sco ord in ror*. *Trucke-n* „Truhe" > *trucca*. M von OSax *Peckli* „Tasse" > *pecli*. *Gon* „grosser hölzerner Löffel" > *gon*. Aus dem Kinderspiel „(Einen) Blumenstrauss machen" = *Far matg*: „Die Rose tue (ich) in ein Glas" [Idem] = *La rosa mettel en in glas*. *Spritze-n*, *Sprützc-n* „Feuerspritze" > *sprezza*. Aus der Fabiola: „Er befestigt das Blatt mit einer Stecknadel" [*Gufe-n*] = *El ferma il fegl cun ina guva*. Aus den Beispielsätzen der Grammatica Romontscha-tudestga von U. Simeon: „Ich suche meinen neuen Bleistift" [*Ris-bli*] = *Jeu enquerel miu rispli niev*. „Eine Klinge [*Blatt*] für die Säge" = *In blatt per la resgia*. Aus der Erzählung „Die Werke der Barmherzigkeit" = *Las ovras della misericordia*: „Mit Gewalt kann man zerschellen machen eine grosse Säge [*Gige-n*] an einem Baumstumpf" = *Cun forza san ins scadanar en tocs ina giegia vidad in cusch*. „Machen [*ufmache-n*] die Betten und reinigen die Kammern" = *Far si ils letgs e schubergiar las combras*.

46. Kleider. Aus einem Märchen: „Um Mitternacht kommt der Wirt in Unterhosen" [*Underhose-n*[1])] = *Entuorn mesanotg vegn il ustier en underhosas*. Aus einer Erzählung: „Eine kleine Kopfbedeckung [*Schlappe-n*] bedeckte die Haare der Jungfrau" = *Ina pintga slappa curreva ils cavegls della giuvna*. „Wäsche [*Rüstig*] trocknen" = *Schigentar resti*. *Lismer* „gestrickte Joppe" > *lismer*. *Breme-n* „Besatz an Röcken, Mützen" > *brema*.

47. Speisen. MM von GrB *Tschungga* „Schinken" > *tschuncas*[2]), Conradi S. 104. Aus einem Gedicht auf das Hungerjahr 1817: „Ein wenig Schwarzbrot [*Ruchbrot*], wenn ihr habt noch so viel" = *Empau ruch peun, sch' vus veis eunc ton*. Aus einem Kinderlied: „Mädchen haben Fleisch

---

[1]) Man beachte das *d*.
[2]) Das *s* ist Pluralzeichen.

und Speck" = *Matteuns han carn e spek.* Aus einer Erzählung: "Die Alte mummelte das Gebäck, welches *Pfaffe-n-bohne-n* heisst" = *La veglia magugliava fava de prers.* *Chräpfli* "kleine Krapfen" > *crefli.* "Sigisbert formiert [*ufmache-n*] das Brot und legt es in (den) Ofen" = *Sigisbert fa si il paun e metta quel en fuorn.* SchwD MM von GrB *fatt* > Rmtsch *fatt* "ungesalzen".

48. Politik, Recht, Gericht. Aus alten historischen Schriften, oft belegt: *Ils untertoners, ils rebellers, ils regenters,* alle nach SchwD Muster. Aus dem Cumin d'Ursera: "Und aussen herum die Fremden und einfachen Eingesessenen" [*Hindersäss*] = *Ed ordentuorn ils jasters e simpels hindersess.* Das alt-SchwD Wort *Friheit* hat oft einen mehr konkreten Sinn, "Privilegien und Regalien", und diesen teilt auch Rmtsch *frietat.* Beleg aus Ulrich, Chrestomathie I, 25: "Reichtümer, Güter, Privilegien und Besitztümer" = *Richezias, beins, frietats e possessiuns.* In den Rmtsch Weistümern kehrt fast die ganze Terminologie der SchwD Rechtssprache wieder. Einige Belege: "Nehmen und geben Frieden" = *Prender e dar frid.* "Bildet den Ring" = *Fagiei rin.* "Der Präsident geht weiter mit der Umfrage[1]" = *Il Mistral va vinavon cun il umfrog.*

49. Stand, Amt, Beruf. "Stand [Idem] und Beruf" = *Stan e clomada.* "Grafen [*Graf. Grof*] und Ritter" = *Grofs e cavaliers.* "Der Junker von Faulenstein"[2] = *Il giuncher de Crap-marsch.* Aus dem Alprecht von Flims 1696: "Der soll werden gestraft vom Kassierer" [*Seckelmeister*] = *Quel dei vangir castigiaus d' ilg seckelmeister.* Die alte deutsche Schweiz, besonders GrB kannte eine Beamtung, *Bibot*[3]). Diese Benennung kehrt auch in alten Rmtsch Texten wieder, so in der Passion von Somvix: "Priester und Beiboten" = *Sacerdots e bipots.* Eine andere solche altschweizerische Beamtung ist *Ballenmeister* "Aufseher im Ballspiel- und Komödienhaus". Dieses Wort begegnet mir u. a. im Fastnachtspiel von Brigels als *balameister.*

---

[1]) Das Idt erklärt diese Termini alle ausführlich, sprachlich und sachlich.
[2]) Titel einer Satire auf einen Staatsmann.
[3]) Idt IV, 1887, beschrieben.

50. Handel und Verkehr. *Ueber Nacht si-n* „übernachten" > *star sur notg.* Aus dem Märchen „Der Soldat und der Teufel" = *Il schuldau et il giavel:* „Bei einer Wirtschaft hat der Böse gemacht Halt" [Idem] = *Sper ina ustria ha il nausch fatg halt.* Aus dem Märchen „Die schlaue Frau" = *La mala dunna:* „Machen einen Pakt [*Pack*[1])] mit dem Teufel" = *Far in pac cul giavel.* Aus dem Gedicht von A. Huonder „Der freie Bauer" = *Il pur suveran:* „Diese meine Kinder, mein eigen Blut, von meinem lieben Gott (ein) Geschenk" [Idem] = *Quei mes affons, miu agien saun, de miu car Diu schengetg.* Arpagaus, Fablas e Novellas: „Jeder Krämer lobt seinen Kram" [*Chram, Chrom*] = *Mintga mercadon lauda siu crom.* Aus dem Aufsatz „Die Graubünder verlieren das Veltlin und Worms" = *Ils Grischuns perdan la Valltellina e Bormio:* „Er hatte Freude an Zank [*Span*] und Streit" = *El haveva plascher vid span e debat.* Aus dem Toni de Chischlatsch: „Ich hatte gefunden den Kniff" [*Biff*] = *Jeu hai giu anflau*[2]) *il bef.* Aus dem Aufsatz „Die Gemeindeversammlung zu Disentis" = Il cumin a Muster: „Der Präsident ist gehalten zu geben dem Läufer, welcher bringt zuerst das „*Pettenbrod*", das will sagen die Nachricht seiner Wahl, seiner Familie, fünf Franken" = *Il president ei obligaus, de dar al currier, che porta 'gl emprim il „pettenbrod"*[3]) *quei vul dir la nova de sia elecziun a sia familia, tschunc francs.*

51. Mass, Gewicht, Münzen. „Der Preis der Klafter [*Chlafter, Chlofter*, Mask.] Holz." = *Il preci dil clofter lenna.* „Drei Malter [Idem] Getreide" = *Treis malters graun.* Im SchwD bedeutet *fächte-n* „Gefässe mit den obrigkeitlichen Massen in Uebereinstimmung bringen", davon Rmtsch *fechtiar.* — Ischi 1902, S. 99 ff. enthält einen Aufsatz „Altes Gewicht und Mass in der Surselva" = Peisa e mesira veglia ella Surselva. Unter den da angeführten Benennungen befindet sich viel SchwD Lehngut.

---

[1]) Rmtsch *pac* kommt nicht direkt vom Latein *pactum*, sondern ist durch das SchwD vermittelt.

[2]) Sklavisch wörtlich: „habe gehabt gefunden".

[3]) SchwD *Bettenbrod* wird Idt V, 976, besonders Zeile 21 ff. ausführlich behandelt.

Die Lehnwörter, die Münzen bezeichnen, sind zahllos. In der alten Schweiz hatte jeder Kanton eigenes Geld, und dieses Geld kursierte auch in GrB, und wir treffen solche SchwD Benennungen auf Schritt und Tritt in ältern historischen, politischen etc. Dokumenten.

52. Krieg und Waffen. „Die Sturm läutenden [Inf. *stürme-n*] Glocken" = *Ils zens sturmegionts*. „Marschieren mit dem Landsturm nach Chur" = *Marschar cul landsturm viers Cuera*. „Alle Pässe waren besetzt" [altSchwD Inf. *ufnä* „aufnehmen"] = *Tuts pass fuvan pri si*. Aus Märchen und Kinderliedern: „Er hat gezogen den Degen" [*Täge-n*] = *El hat tratg il tegien*. „Eine Pistole mit zwei Läufen" [*Rohr*] = *Ina pistola cun dus rors*. Aus der Geschichte des Regimentes Roll: „Kanonen abfeuern" [*abla* „ablassen"] = *Schar*[1]) *giu canuns*; „Kanonenschüsse abfeuern" = *Schar giu canonadas*. Aus einer Erzählung: „Bringt mir meinen Harnisch und meinen Schild" = *Portei a mi miu harnisch e miu schild*. Aus dem Kinderspiel „Die Farben" = *Las colurs*: „Ueberwindet der Engel mit seinen Gefährten den Teufel, so gehen alle in (das) Paradies" = *Po*[2]) *igl eunghel cun ses compogns il giavel, sche van tuts en parvis*.

53. Leibliches Leben. *Läfse-n* „Lippe" > *lefza*. Aus der Bauerngeschichte Vacca pugniera „die Heerkuh": „Indem sie Sprünge [*Hopper*] machte wie ein Kalb" = *Figent hopers sco in vadi*. Aus der Erzählung Sigisbert: „Mit einem Mal kehren sie (zurück) ganz gebückt" [*zweifach*] = *Cun ina ga tuornan els tut dubels*. SchwD *gluggse-n* bedeutet „glucken", von der Henne gebraucht, und „kränkeln", auch von Menschen verwendet; beide Bedeutungen hat auch, Carigiet S. 51, das Rmtsch *clutschar*. Aus dem Drama „Der graue Bund" = La ligia grischa: „Mir wird ganz schwindlicht" [*trümlig*] = *A mi ven tut trimbli*. Aus einer Beschreibung des Bades Alvaneu vom Jahre 1747: „Erkältungen, Flüsse [Idem] und Defluxionen" = *Fredurs, fluss e defluxiuns*. *Struha* „Schnupfen" > *Struche-n*, in GrB, St. Gallen und Teilen der Zentralschweiz

---

[1]) *schar*, gekürzt aus *laschar*, entspricht frz. *laisser*.
[2]) Von *puder* „können, mögen" und nach SchwD Vorbild „überwinden".

verbreitet. Aus dem Toni de Chischlatsch: „Er stiess aus [*usla* „auslassen"] schrille Schreie" = *El schav' ora cungeblas.*

54. Psychologisches und Ethisches. „Zorn [*Chib*, Adj. *chibig* und *chippig*], Neid, Bosheit" = *Hip, Scuidonza, nauschadat.* „Hass [Idem] und Rache" = *Hass e vendetga.* Aus einem Volkslied: „Der Franzose redet mit Stolz" = *Ilg franzos gi cun stolzadad.* Glisner „Heuchler" ~ *glisner.* Griff „List" ~ *gref*, Carigiet S. 131. Aus dem Erbauungsbuch Philothea: „Das Reden und Spass [Idem] machen fortwährend ist ein Zeichen von Leichtsinn" = *Il plidar e far spass continuadamein ci in' enzenna de levsenn.* Kaländer mache-n „nachgrübeln" = *Far calenders.* Aus dem Toni de Chischlatsch: „Dieser, abergläubisch, wie er war, fing an nachzugrübeln" = *Quel, superstizius sco el era, entschaveva a far calenders.* „Streiche, Tücken [Sing. *Tuck*, Mask.] haben" = *Haver ses tucs*, Carigiet S. 371. „Schwere [*stuffig*] Stunden" = *Stufias uras.* Aus dem Volksbuch Barlaam und Josaphat: „Gott wird geben strengen [Idem] Richterspruch über die Sündigenden" = *Diaus veng a dar strengia sententia sur ils pucconts.* Aus den Weistümern: „Eine verschwenderische [un-nütz] Hausfrau" = *Ina dunna malniseivla*[1]). „Die Eltern haben den Jungen inhuman behandelt" [*hend mit em wüest 'ta*[2])] = *Ils gieniturs han fatg mitgiert*[3]) *cun il giuven.*

55. Namengebung. Eine Reihe im Rintsch Gebiet gebräuchlicher Vornamen wird durch ihren Lautstand als SchwD Lehngut erwiesen, so *Hasper* ~< *Chasper* „Kaspar", *Rest* ~ *Christ* „Christian", *Baschli, Basli*, welches besonders in St. Gallen und Glarus als Koseform von „Sebastian" gebraucht wird.

SchwD Eigennamen von Tieren, besonders von Pferden und Rindvieh sind im Rmtsch sehr häufig. Aus einem Produkt der Kunstlyrik, für Kinder bestimmt: „Diese (Fliegen) stachen (das Pferd) *Bless* nicht viel" = *Quellas punschevan il Bless buca bia.*

---

[1]) *Mal-* für *un-* wird später behandelt.
[2]) „wüst getan".
[3]) „Hässlich, wüst".

Sehr viele von den SchwD Vornamen werden noch in einem appellativen Sinn verwendet und bezeichnen Menschen, die aus irgend einem Grund den Spott oder doch das Lachen reizen. *Brosi* ist „Ambrosius" und „Dickbauch", *Joggi* „Jakob" und „furchtsamer Mensch", *Baschi, Baschli* „Sebastian" und „ungeschickter Mensch" etc. Nun sagt Huonder, Ischi 1897, S. 71, dass *Baschli, Basli* im Rmtsch auf gleiche Weise „mit einem Sinn von Spass oder Verachtung" = *cun in senn de spass ne de sprez* verwendet werde.

56. Religiöse Dinge. In Wendenzens Leben Jesu und in der Passion von Somvix heissen die „Schächer" *schochers* nach dem altSchwD Wort. Andere Fälle: „Stifte [Idem] und Klöster" = *Stifts e claustras*. „Stab [Idem] und Inful" = *Stab e gnefla*. Huonder leitet V Hu S. 62 *gnefla* vom lat. *infula* ab, mir scheint die Anknüpfung an SchwD *Niffele-n* ebenso annehmbar.

57. Metaphern, anschauliche Bilder, reimende Formeln. Für „eigensinnige Person" hat das AltSchwD die Metapher *Schlägelchopf*, wobei unter „Schlägel" ein massiver Holzschlägel zu verstehen ist. Dieses Bild kehrt in wörtlicher Uebersetzung im Rmtsch wieder, Beleg aus dem Médecin malgré lui, bearbeitet von A. Tuor: „Junge Töchter sind meist eigensinnig" = *Feglias giuvnas ein il bia tgau-mogns*. Die SchwD Fuhrleute brauchen *hist* für links und *hott* für rechts, und metaphorisch sagt man für „Es nützt gar nichts": *S' nützt weder hist no hott*. Diese Formel findet sich im Rmtsch wörtlich wieder als *nezegia ne hist ne hot*. Von sehr alten Dingen sagt man im SchwD: *So alt wie Mues*[1]) *und Brot*, dieses gibt das Rmtsch wieder mit *vegls sco paun e buglia*[2]). Die Wendung „Mein Plan hat mir fehlgeschlagen" wird im SchwD ausgedrückt: *I bi nåbet abe-n cho*, wörtlich: „Ich bin, etwa beim Sitzen auf den Stuhl, daneben hinunter gekommen", und diese Wendung findet sich wörtlich im Rmtsch. Beleg aus „der Geschichte vom Schlaraffenland" = La Praula della tiarra della Cuccagnia: „Ich wäre gern

---

[1]) Breiartige Speise.
[2]) Die Subst. sind umstellt.

geworden Präsident, aber (ich) habe nicht können zählen fünf, daher habe ich nicht reüssiert" = *Jeu fuss bugien vegnius mistral, mo hai buca savin dumbrar tschunc, perquei sundel jeu vegnius speras giu.*

Reimende, alliterierende, assonierende Formeln. *Stube-n und Stübli* „Stube und Nebenkammer" ↘ *Stiva*[1]) *e stebli. Hus und Hof*, Rmtsch *casa e cuort. Teil und G'mein ha-n*, Rmtsch *haver art e part*, etc. etc.

58. Sprichwörter. *Gieng de Ma mit de Hut*[2]) *vo siner Frau* (Variante: *mit de Hüte-n vo sibe-n Fraue-n*) *uf em Rügge-n ume-n*[3]), *so chäm er no*[4]) *eini über* (Variante: *no e-n achti über*), Rmtsch: *Mass igl umm cun la pial della dunna si dies, survegness el ina autra*. Ich führe aus der Materie der Metaphern, poetischen Formeln, Sprichwörter absichtlich wenig an, wegen § 36.

59. Kinderwörter, Kinderreime. Annalas 1890, S. 168 steht der Kinderspruch: „Die Katze sitzt (lauernd), (sie) wollte, dass die Wurst ins Maul fiele" = *Hiri hori sesa, less, ch'il limpi lampi dessi en*. *Hiri Hori*, abgeleitet von *Haar, Hoor* ist im SchwD Kinderrätsel der Name der Katze, und *Limpi Lampi*, abgeleitet von *lampe-n* „schlaff herunterhangen", der Name der Wurst. Die SchwD Varianten siehe Idt II S. 1511. Ein in der ganzen, auch in der französischen Schweiz und darüber hinaus, in unzähligen Varianten verbreiteter, zum Teil aus sinnlosen Wortgebilden bestehender Kinderspruch lautet, wie ich ihn aus Luzern kenne:

Enige-n benige-n Bumper[5])-*tee,*
Tifel Tafel numme-n-nee,
Eggebrod[6]), *hinder em Thoor,*
Dusse-n[7]), *dusse-n, dusse-n bist.*

---

[1]) *Stiva* kann aus lautlichen Gründen nicht dem SchwD zugesprochen werden, wohl aber *stebli* und die Formel als solche.
[2]) „Haut".
[3]) „herum".
[4]) „noch".
[5]) „Tasche".
[6]) Erklärt im Idt V, S. 953.
[7]) „draussen, ausgezählt".

Von den DecChr I, 1, S. 212 ff. vorgeführten Varianten kommt folgende der Luzerner Fassung am nächsten:

Eni capeni ca bon per te
Divide domine
Pettenbrot te marmot.

Für obiges *Eggebrod* haben andere SchwD Varianten alle möglichen Ausdrücke, Idt V, 953–954, wie *Aenzsbrot*, *Engelsbrot*, aber gerade *Pettenbrot*, das doch auch ein SchwD Wort ist, findet sich da nicht.

Eine andere, ebenfalls Luzernische Variante fängt an: *Aenige-n bänige-n Toppel-tee*, und dieser kommt am nächsten die Rmtsch Fassung: *Enaca benacca tulpiltè*.

Folgender Kinderspruch, ebenfalls Luzerner Fassung, kehrt im Rmtsch ziemlich ähnlich wieder:

Luzerner Fassung:
Ente-n Dente-n Ditte-n Datte-n
Enige-n Benige-n Buff und Atte-n.

Rmtsch Fassung:
Enenden endid endad
Zeba, di beba di buffanat
Zeba di beba de buff.

Endlich mahnt mich das mir unverständliche *Ise-n-tanne-n* in dem Spiel *Joggeli uf de Ise-n-tanne-n* an den Ausdruck *isatana*, DecChr II, 1, S. 213, Z. 3.

60. Unterhaltung, Spiel, Tanz. Folgende Stellen enthalten Bezeichnungen von SchwD Kartenspielen und Tänzen. „Der dumme Jass oder Rams" = *Il tup jass u rams*. „Tänze, genannt Hüpfer [*Hopper*] und Schleicher" [*Schlicher*] = *Hoppers e schlichers*. Ein in den SchwD MM weitverbreiteter Name für „gesellschaftliche Zusammenkunft" lautet *Heimgart*, in GrB MM *Heingart*, *Hengert* etc. gesprochen; daraus das Rmtsch *hengiart*, sehr oft in den Volksliedern. Aus Molières Avare, bearbeitet von P. A. de Latour: „Hochzeiten ohne Tanzen, Heimgärten ohne Lieben" = *Nozas senza saltar*, *hengiarts senza murar*. — Annalas 1898, S. 361 ff. befindet sich ein Gedicht über das Kartenspiel mit allerlei SchwD Ausdrücken.

61. Fluch, Schwur. Die SchwD MM sind sehr reich an euphemistischen Wortverhüllungen, wie *Saferment, Zaferment, Saffermost* etc. für *Sackerment*. Das Rmtsch hat mehrere davon angenommen. Aus einem Volkslied: „Fort mit dem Traurigen, beim Sakrament" = *Navend cul trest p'il zaferment*. Annalas 1898, 11 und 16 sind Rmtsch Flüche aufgezählt, die zum grossen Teil SchwD Ursprungs sind.

62. Ausrufe, Zurufe. Carigiet verzeichnet S. 138 *huz* „fort", zur Katze gesagt, ⌒ SchwD *chutz*. Neben *en in hui* „im Hui" sagt A. Tuor oft *en in hugl; hull* ist ein SchwD Zuruf, der in St. Gallen und GrB vorkommt. Anderes ist schon früher erwähnt.

63. Schimpfwörter. „Ein nachlässiger Kerl [*Schlamper*], ein Taugenichts" = *In schlamper, in valanuot*. *Tschampe-n* „ein einfältiges Frauenzimmer" > *tschampa*. Aus dem Toni de Chischlatsch: „Dirnen [*Schluenze-n*] und schlechte Weiber" = *Schluonzas e zeplas*. Aus dem Nekrolog für den Staatsmann A. Balletta: „Den Tückischen [*Kalfakter*] und den Fuchs spielen" = *Far il calfacter e l'uolp*. Aus einer Geschichte: „Du Kerlchen [*Boler*], her, du, zu mir" = *Ti boller neu ti tier mei*. *Chrezer* „armseliger Mensch", spezifisch GrB MM, > *rezer*. „Diskreditiert und heruntergemacht" [Inf. *hudle-n*] = *Discreditaus e hudligiaus*. *Gieli* „Tölpel" ziehe ich zu gleichbedeutendem SchwD *Göli*, Huonder hat eine andere Meinung, VHu S. 64. Ein derbes Wort für „Mund" ist SchwD *Schnorre-n* > *schnorra*. Beleg aus Capricorn ed evla: „Mit unsern Hellebarden wird er schliessen die Fresse den grauen (graubündnerischen) Bauernkerls" = *Cun nos halumbarts vegn el a serrar la schnorra als puratschs grischs*.

Lexikographisch-Sprachpsychologisches.

64. Die im vorigen Abschnitt behandelten **Vollwörter** haben ausser für den Philologen auch für den Folkloristen und Kulturhistoriker Belang; die **Formwörter**, denen der vorliegende Abschnitt geweiht ist, mögen ausser dem Philologen auch dem Sprachpsychologen von Interesse sein,

65. Konjunktionen. Schon § 28 ist bemerkt worden, dass das Rmtsch viele SchwD Konj. adoptiert hat. Die eigenartige SchwD Konj. *halt*, über die das Idt II, 1223 ausführlich referiert, ist auch im Rmtsch heimisch. Aus einer Dichtung von G. C. Muoth: „Viele lobten den Herrn Präsidenten, der sei denn doch eigentlich ein geschickter Mann" = *Biars ludavan gl'aug Mistral, quei sei halt in um perdert.* Die Bejahungspartikel *gie* „ja" wird ganz wie im Nhd., mit dem sich das SchwD hinsichtlich des Gebrauches deckt, als Konj. oder Adverb verwendet. Bsp.: „Pah, das macht ja nichts" = *Aba, quei fa gie nuot.*

66. Präpositionen. Das Rmtsch hat keine Präp. vom SchwD herübergenommen, aber einige Rmtsch Präp. sind vom SchwD beeinflusst, am meisten *giud* „herab, hinab von". Das entsprechende SchwD *ab* ist nämlich auch kausal und wird namentlich zur Anknüpfung von Ursachen verwendet, die ein Gefühl, eine Stimmung, vor allem einen unangenehmen Affekt hervorrufen, also in Fällen wie: „lachen über, traurig sein über, erschrecken vor, heftigen Widerwillen haben gegen" [*spruze-n ab*]. Im Rmtsch ist dieser Gebrauch des *giud* ausserordentlich beliebt. Aus dem Märchen „Die drei Winde" = Ils treis lufts: „Auch der musste lachen über den Herrn im grünen (Gewand)" = *Era quel stueva rir giud il signiur en verd.* Aus der Bauerngeschichte „Das Erbe der Tante Neia" = L' jerta de l'onda Neia: „Lina merkte die Absicht und wurde erzürnt darüber" [*ab dem, drab*] = *Lina capeva l'intenziun e s'irritava giud-lunder.*

67. Postpositionen. In den SchwD MM wird die Postp. *us* „aus" verwendet im Sinne von zeitlichem „hindurch, während", und dieser Gebrauch hat sich auch dem Rmtsch *ora* „aus" mitgeteilt. Aus dem Toni de Chischlatsch: „Jahre lang, Nächte lang" [*Jaar us, Nächt us*] = *Onns ora, notgs ora.* Aus einer Naturgeschichte: „Sie (die Spechte) machen das ganze Jahr hindurch [*s' ganz Jaar us*] Krieg gegen Käfer" = *Els fan 'gl entir onn ora guerra encunter baus.* „Im Winter schläft er (der Dachs) wochenlang" [*Wuche-n us*] = *'Gl unviern dorma el emnas ora.*

68. Trennbare Zusammensetzungen von Präp. mit Verben. Diese sind an mehreren Orten, besonders § 29 behandelt.

Untrennbare Zusammensetzungen der Präp. „über" mit Verben, wie im Nhd. „etwas übergehen". „Das Volk vergiften und verführen" [*überfüere-n*] = *Tissientar e surmenar*[1]) *il pievel*. „Ihre Melodien übertönen [*übernä* „übernehmen"] den Gesang der andern Vögel" = *Lur melodias surprendan il cant d' autra utschleglia*[2]). „Er war allen Lastern ergeben" [*übergä*] = *El era surdaus a tuts lasters*. Aus der Passion von Somvix: „Halten Rat, wie wir ihn könnten erwischen" [*übercho*] = *Far coseilg co nus el podessen survegnir*.

69. Zusammenstellungen von Präp. und Adverb, wie Nhd. „über das Land hin"; in beiden Idiomen sehr beliebt. Aus einem Märchen: „Er kniet nieder über eine Truhe hin" [*ine-n* „hinein"] = *El semetta en schanuglias*[3]) *sur ina trucca en*.

70. Adverbien der Art und Weise. Aus Märchen: „Um zwölf (Uhr) kommen sie wirklich [*richtig*] in (die) Stube" = *Dellas dodisch vegnan els rechti en stiva*. „Er sei gewiss [*g'wiss*] gut für einen Rat" = *El seigi guess buns per in cussegl*. „(Er kümmert sich nicht um sie) er lässt sie ohne weiteres [*grad*] ruhig" = *El lai els grad cri*. Das eingeschobene Sätzchen *schint's* „wie es scheint, vielleicht, etwa", ist völlig zum Adverb geworden, und dem entsprechend auch Rmtsch *par'ei*, das daher oft *parei* geschrieben wird. „Haben sie etwa gemacht, wie du hattest gesagt" = *Han ei parei fatg sco ti has giu getg*.

71. Eigenartiges Adverbiale, gebildet mit „etwas". Die SchwD) MM haben eine eigenartige, sehr beliebte Adverbialbildung, vermittelst *öppis* „etwas", man sagt z. B.: *De hed öppis Unsinnigs tanzet* „Er hat unsinnig getanzt". Diese Bildung mit „etwas" = *enzatgei, enzitgei* hat das Rmtsch auch entlehnt. „Die Armeen haben schrecklich [*öppis Schröcklichs*] gekämpft" = *Las armadas han battiu enzitgei*

---

[1]) *Sur* = „über", *menar* = „führen".
[2]) Plural auf -*a*, wie *vierv, viarva*, lat. *verbum, verba*.
[3]) Sklavisch wörtlich: „setzt sich in Kniee".

schnueivel. Aus der Sage „Die Frau, welche hageln liess[1]) auf Surcrapp" = La femna che fagieva dar garnialla si Surcrapp; „Es beginnt zu hageln entsetzlich" [*öppis Schüzeligs*] = *Ei entscheiva a dar garnialla enzatgei sgarscheivel*.

72. Negation. Es ist nicht sicher, ob die Partikel *na* „nein" aus dem SchwD entlehnt ist. Aber eine Reihe von Umschreibungen und Verstärkungen der Verneinung verdankt das Rmtsch dem SchwD. Man sagt im SchwD „sauber nichts" = *suber nüt*, „ledig nichts" = *lidig nüt, suber lidig nüt* etc. und diese Wendungen ahmt das Rmtsch folgendermassen nach: Aus dem Octavianus: „O Gott Mohammed, du taugst gar nichts" = *O Diu Mahomed ti vallas schuber nuot*[2]). „Das geht euch an ganz und gar nichts" = *Quei va tier a vus lidischubernuot*. Im alten SchwD, 16. Jahrhundert, sagte man für „gar nichts": *Nit ein Krüz*, und diese Wendung kehrt wieder in der Passion von Somvix: „Du hast eine einzige Stimme, und die gilt nicht ein Kreuz" = *Ti has ina solleta vusch e quella vol buc ina Crusch*.

73. Die SchwD Präp. und die dazu gehörigen Adverbien haben reiche Formen entfaltet, welche dem Nhd. zum guten Teil fehlen. Ich sage z. B. in meiner M: *De Huet uf em Chopf, ich ha de-n Huet uff, i legge-n de-n Huet uuf, i länge-n*[3]) *a-n Chopf ufe-n*. Alle vier Wörter, *uf, uff, uuf, ufe-n*, werden verschieden ausgesprochen. Das Rmtsch nun gibt alle vier Wörter mit dem einen *si* wieder, und ähnlich in allen andern Fällen. „Rings herum" heisst im SchwD *drumm-ume-n*. Das Rmtsch gibt sowohl *drumm* als *ume-n* mit *entuorn* wieder, daher lautet dieser Komplex *entuorn entuorn*. Bsp. aus dem Robinson: „Rings herum herrschte grosse Stille" = *Entuorn entuorn regeva gronda tgeuadat. I-n üse-n Handel ine-n* „in unsern Handel hinein" wird also auch so wiedergegeben, dass sowohl für *i-n* als für *ine-n en* eintritt. Aus der Vacca pugniera: „Uebrigens brauche niemand anders zu haben hinein die Nase in unsern Handel" = *Dal reminent deigi*

---

[1]) Sklavisch wörtlich: „Hagel geben liess".
[2]) *nuot* kommt nicht vom SchwD.
[3]) „ich lange mit der Hand".

nigin auter haver en[1], *il nas en*[2]) *nies marcau*. *Unde-n ufe-n*
„von unten herauf" wird demgemäss auch bloss ausgedrückt
durch *sut | si* „unter | auf". Aus der Sage „Die Hexe von
Trins" = La stria de Trin: „Einmal kam sie auch mit ihrer
Last von unten herauf (von Chur herauf) durch Trins" =
Ina gada vegnev' ella era cun sia carga sutsi tras Trin.

Die semasiologischen Erscheinungen.

74. Das Rmtsch nimmt SchwD Lehngut oftmals **genau
in der Bedeutung** herüber, die es im SchwD hat, eine allerdings nicht auffällige Erscheinung. „Holdselig" hat im SchwD nicht den gleichen Sinn wie im Nhd., es bedeutet, abgeschwächt, bloss „freundlich, höflich, gesprächig", und diesen Sinn hat auch Rmtsch *honseli*. Aus der Bauerngeschichte Luregn „Lorenz": „Dieser artige, schöne und frische Jüngling" = *Quei honseli, bi e frestg giuven*. Aus dem Märchen: „Die, welche kannten die Leute, das Fleisch und den Wein" = *Quels che enconoschevan la glieut, la carn et il vin*: „Zwei haben genommen ab den Hut höflich" = *Dus han priu giu la capiala honseliamein*. *Leid* bedeutet im SchwD auch „das Leichengeleite", und diese Bedeutung gibt Carisch S. 78 auch für Rmtsch *laid* an. — Oder das Rmtsch **ändert die Bedeutung ab**. Rmtsch *harta*[3]) bedeutet auch „Heiligenbild", SchwD *Charte-n* hat diesen Sinn nie. Im SchwD bedeutet *Ring* das gleiche, was im Nhd., und *Ringge-n* bedeutet „Schnalle", nur im Kanton Thurgau auch „Ring zum Viehanbinden"; das auf *Ringge-n* basierende Rmtsch *ringa* bedeutet aber „Ring, Ohrring". Nach Ischi 1902, S. 104 ist Rmtsch *latta* ein bestimmtes Mass, nach Idt III, 1482 bedeutet das zu Grunde liegende SchwD *Latte-n* nur „Richtscheit". Für Rmtsch *clunga* gibt Huonder, VHu S. 78 die Bedeutung „Priemchen" an, das Idt nennt für SchwD *Chlungge-n* nur „Knäuel". *Malter* ist die Bezeichnung für

---

[1]) Betont.
[2]) Unbetont.
[3]) Der Anlaut *h* nötigt, Entlehnung aus dem SchwD anzunehmen.

ein früheres schweizerisches Mass, wenn ich aber im Sigisbert lese: „Retus bereitet ein Bett zwischen den Maltern" = *Retus prepara in letg denter ils malters*, so hat *malter* hier die Bedeutung „Maltersack" angenommen. SchwD *Mäscher* bedeutet nach Idt IV, 444 „Knorren" und metaphorisch „harter Mensch", das Rmtsch *mascher* „Knorren" und metaphorisch „strammer Kerl".

Was hier über Bedeutungsabänderungen gesagt ist, hat nur bedingte, vorläufige Geltung. Denn es hat z. B. vielleicht *Malter* schon in SchwD MM die Bedeutung von „Maltersack", und diese Bedeutung ist nur noch nicht bekannt gemacht worden. In manchen Fällen aber ist die Sache doch wohl sicher. Das Rmtsch braucht den Komparativ von *bauld* ⏜ *bald* im Sinne von „früher". Beleg aus einer Rmtsch Schweizergeographie: „In Sitten, wo (es) wurde früher gesprochen deutsch, macht das Französische mehr und mehr grosse (= immer grössere) Fortschritte" = *A Sion, nua ch'ei vegniva pli bauld plidau tudestg, fa il franzos pli e pli gronds progress*. Das Idt nun bringt eine ausserordentlich ausführliche Abhandlung über *bald*. Existierte nun wirklich schon im SchwD ein *bälder* im Sinn von „früher", so müsste das sich im Idt wohl finden.

75. Das Rmtsch nimmt oft den **ganzen oder fast den ganzen Bedeutungsumfang** des SchwD Wortes herüber. Das SchwD *G'mach* hat nach Bühler und dem Idt IV S. 17 ff. die Bedeutungen von 1. „Zimmer, das nicht zum Bewohnen dient", 2. „Stockwerk", 3. „Gebäude, wie Sennhütte, Schuppen", 4. „Abtritt". Alle Bedeutungen kehren im Rmtsch wieder: 1. „Das Archiv im Zimmer der Spende" = *Igl archif eigl cumah della Spenda*. 2. Aus J. Bundis Jerusalemreise: „Die Schiffe gehen (um) vier Stockwerke tief in das Wasser" = *Las nafs van de 4 cumachs aul enten la aua*. 3. Aus dem Codex criminal vom Jahre 1838: „Scheunen, Schuppen oder andere Gebäulichkeiten" = *Clavaus, tegias ne auters cumachs*. 4. Carigiet S. 71: *cumah* „Abtritt". — SchwD *mangle-n* und das daraus resultierende Rmtsch *munglar* haben einmal die Bedeutung von nhd. „mangeln", und daneben bedeutet das SchwD Wort auch „sollen" und „brauchen", und diese Bedeutungen finden sich auch im Rmtsch. Aus dem Sigisbert: „Das sollte ein Jäger haben" = *Quei munglass in catschadur haver.* Aus einer Zeitung: „Niemand braucht sich zu schämen" = *Negin maungla scturpigiar.*

In andern Fällen hat das Rmtsch nur einen **Teil vom Bedeutungsumfang** des SchwD Wortes herübergenommen, oft sogar nur eine einzige Teilbedeutung. Für *Band* zählt das Idt eine grosse Menge von Bedeutungen auf, Rmtsch *ban* ⁓ *Band* hat nur die Idt IV, S. 1326 genannte Bedeutung von „Weide, Salix".

76. Rmtsch bodenständige Wörter, die mit einem SchwD Wort eine Teilbedeutung gemeinsam besitzen, haben noch **andere Teilbedeutungen** des SchwD Wortes herübergenommen. Ein hübsches Beispiel ist *udir* „hören". Die meisten SchwD MM, darunter auch die von OSax, sagen *g'höre-n*, so dass dieses SchwD Wort die Bedeutungen des nhd. „hören" und „gehören" vereinigt und also 1. „audire", 2. „decere", 3. „esse alicujus" bedeutet. Das Rmtsch *udir* heisst von Haus aus natürlich nur „audire", es hat nun aber vom SchwD *g'höre-n* auch die zweite und dritte Teilbedeutung adoptiert. Aus dem Toni de Chischlatsch: „Damit ihr lernet kennen den Toni, wie es sich gehört" = *Sinaquai che vus emprendeies d' enconnuscher il Toni sco s' auda.* Aus Bühlers Wilhelm Tell: „Gebt dem Kloster das, was ihm gehört" = *Dei alla claustra quei ch'ad ella auda.*

77. Ich treffe in Schriften zur Rmtsch Philologie hie und da den Missstand, dass beim Etymologisieren die Bedeutung des Wortes zu wenig in die Wagschale gelegt wird. So leiten mehrere Forscher das Wort *tschaffar* „begreifen, verstehen" von germanischem „*schaffen*" her. Aber die Grundbedeutung ist „mit der Hand ergreifen", wie hundert Stellen zeigen; Beleg aus dem Nibelungenlied: „Volker ergreift die Fahne und reitet voraus" = *Volcar tschaffa la bandiera e cavalchescha ordavont.* Ich glaube aber nicht, dass es von „schaffen" zu „ergreifen" eine Brücke gebe.

Erscheinungen betreffend das Geschlecht der Wörter.

78. Die SchwD MM haben oft ein anderes Geschlecht als das Nhd., so ist *Gofferc-n* „Koffer" in allen SchwD MM, auch in GrB weiblich; daher ist Rmtsch *la coffra* keine auffällige Erscheinung. Viele SchwD Wörter sind, nach den verschiedenen MM und oft in ein und derselben M verschiedenen Geschlechts, manchmal unter Nuancierung der Bedeutung. So sind Mask. und Fem. *Blahe-n*, *Blache-n* „grosses Tuch, Wagendecke", *Bosch*, *Bosche-n*. *Pösche-n* „Rasenstück, Grasbüschel". Und Mask. und Fem. sind diese beiden Wörter auch im Rmtsch: *il blah, la blaha, il bostg, la bostga*.

79. Die SchwD **sächlichen Wörter** werden im Rmtsch, das nur zwei Geschlechter hat, männlich. Dies begreift sich leicht, denn das männliche und das sächliche Geschlecht haben im SchwD Flexionsbau sehr viel Gemeinsames, z. B. die gleiche Genitivendung, während das weibliche weiter abliegt. So ist *Feld* ⸺ *feld* männlich geworden.

80. Eine auffällig grosse Zahl SchwD männlicher und weiblicher Wörter hat beim Eintritt ins Rmtsch das **Geschlecht geändert**, indem sich dieselben von bodenständigen Rmtsch Wörtern, mit denen sie sich dem Inhalt oder der Form nach associerten, beeinflussen liessen:

A. Beeinflussung durch die **Bedeutung**: Männlich sind geworden: *Il brust* ⸺ *Brust* nach gleichbedeutendem *pez*, *il lanstross* < *Landstross* nach *stradun*, *il schan* ⸺ *Schand* nach *turpetg*. Weiblich sind geworden: *La trost* ⸺ *Trost* nach *consolaziun*, *la gleut* „Leute" nach *schenta*. — Es gibt zwei SchwD gleichbedeutende Redensarten: *Uf de Mugg ha* und *uf em Strich*[1]) *ha* „einen nicht leiden können". *Strich* ist männlich, *Mugg* weiblich. Das Rmtsch hat ausgeglichen und braucht in diesen Wendungen beide Wörter männlich: *Haver sil muc* und *haver sil streh*, Ischi 1897, S. 69.

B. Beeinflussung durch die **Form**. Die ziemlich zahlreichen SchwD Wörter auf -*i* weiblichen Geschlechtes werden im Rmtsch männlich, da die einheimische Endung -*i* wie in

---

[1]) Beide Wörter, *Mugg* und *Strich*, bedeuten das „Visier am Gewehr".

domini „Herrschaft" männlich ist. Bsp.: *gatti* ⌒ *Gatti, Gattig* „Gattung", *pratti* ⌒ *Prattig* „Kalender". Aus dem Aufsatz Il Romontsch della Lumnezia: „*Il pratti*, früher gebraucht allgemein für Kalender" = *Il pratti, pli bauld duvrau gieneralmein per calender*. Huonder sagt VHu S. 100: „*i* wird als Endung des Mask. gefühlt ganz besonders wegen der vielen aus dem Schweizerischen stammenden Wörter." Diese Auffassung ist schief, denn die aus dem Schweizerischen stammenden Wörter sind, mit verschwindenden Ausnahmen, von Haus aus weiblich oder sächlich. Männlich ist ursprünglich etwa *fendri* ⌒ *Fändri* „Fähnrich", *turli* ⌒ *Turli* „Knirps"[1]).

C. In mehreren Fällen mag Beeinflussung durch **Form und Bedeutung** vorliegen. *Meini* ⌒ *Meinig* „Meinung" hat sich nach *giudeci* gerichtet, dieses hat den gleichen Ausgang und eine synonyme Bedeutung, ist aber männlich.

D. Die Wörter, die im SchwD auf -*e-n* ausgehen und männlich oder sächlich sind, haben einen doppelten Weg eingeschlagen. Entweder haben sie die Endung in -*a* gewandelt und sind dann weiblich geworden, nach den zahlreichen Rmtsch Erbwörtern auf -*a*. Bsp.: *la boga* ⌒ *Boge-n*. „Die Gräben der Stadt" = *Las grabas dil marcau*. Oder sie haben die Endung abgeworfen und sind männlich, Bsp: *Il franc, il baz, il rap, il erbarm*.

Die phonetischen Erscheinungen.

81. Vorbemerkungen. In § 12 habe ich bemerkt, dass ich meine Untersuchungen nicht auf einen speziellen Unterdialekt des Rmtsch einschränke, sondern aus allen MM desselben meinen Stoff gesammelt habe. Hier nun, bei Erforschung der lautlichen Verhältnisse geht das nicht mehr an, denn das würde einem eigentlichen Wirrwarr rufen. Ich beschränke mich fast ganz auf die Disentiser M und verarbeite fast nur das Material, das in Genelin vorliegt. Es ist dies eine Situation, wo mir also Genelin gute Dienste tut.

---

[1]) Was Huonder VHu S. 100 über die Herleitung von *Turli* vorbringt, ist abzuweisen.

Eine andere Schwierigkeit beruht darin, dass das Rmtsch sein Lehngut nicht aus einer einzigen SchwD M bezogen hat, sondern offenbar, wie allerlei Darlegungen gezeigt haben, aus sehr verschiedenen. Ahd. Mhd. *â* erscheint in den einen SchwD MM als *â*, in den andern als *ô*. *Stràss, Stròss*, und diese Differenzierung zeigt sich auch in den MM innerhalb des Kantons GrB selber, wie Bühler. Sutermeister, Idt bezeugen, und wie ich selber gehört habe. Wenn nun Genelin *Grâf, Grôf* S. 25 als *grov, Tàpe-n, Töpe-n* „Pfote" aber als *tapa* u. a. m. vorführt, so stammt diese Verschiedenheit des Rmtsch daher, dass die Wörter aus verschiedenen SchwD MM herübergenommen sind. Es ist daher wichtig, den richtigen Ausgangspunkt im SchwD zu nehmen. „Bise" und „Maser" lauten gemeinSchwD *Bis, Bise-n* und *Maser*, das Rmtsch hat *mascher* und *bischa*[1]). Wollen nun auch wir sagen, hier habe das Rmtsch *s* in *sch* gewandelt? Nein, da in Rmtsch Erbwörtern *s* vor Vokal in der Regel bleibt, z. B. *sis ⌣ sex, casa* „Haus" ⌣ *casa*, so wollen *wir* im Idt nachsehen, ob es nicht SchwD oder gar GrB Varianten mit *sch* gebe, und an diese wollen wir dann anknüpfen. Und siehe, *mäscher*[2]) ist in der Schweiz weit verbreitet, und *Bische-n* ist in St. Gallen und GrB wohl bekannt. Ferner stehen neben gemeinSchwD *suber* und *Site-n* „Seite" Rmtsch *schuber* und *scheta*. Hier nun allerdings versagt unsere Kunst, es ist noch kein SchwD *schuber* und *Schite-n* mit *sch* bekannt gemacht worden. Aber ich glaube, *wir* verfahren methodischer, wenn wir zuerst alle an das Rmtsch Gebiet anstossenden SchwD MM skrupulös durchsuchen und erst dann unsern Entscheid aussprechen. Und wenn Huonder VI lu 26 für *teschamber* „Sakristei" an die SchwD von seinem Stalder genannte Variante *Dristkammer*[3]) anknüpft, so kommt mir der Ausfall des *r* zwar möglich vor, aber Ausfall der zwei Laute zwischen *sch* und *a* zu statuieren, scheint mir nicht ohne Bedenken. Ich würde lieber an die Varianten anderer MM anknüpfen, welche kein *t* haben, wie

---

[1]) *bischa* bedeutet leichter Schnee, SchwD *Bise-n* hat die Bedeutungen: Nordwind, Schneegestöber, leichter Schnee.

[2]) Huonder knüpft Ischi 1897, S. 70, an „ludestg vegl" *masar* an.

[3]) *st* wird wie *scht* gesprochen, *k* als *ch*.

Tröschkammer, Dischchammer[1]), Idt III, S. 254. Der Ausfall des *ch* würde dann, nach § 88, keine Schwierigkeit machen. Und gelingt[2]) die Anknüpfung an *Dischchammer*, so braucht man auch nicht Ausfall des *r* anzunehmen. — Es gibt nun aber auch recht viele Fälle, wo alle oder die meisten SchwD MM im Lautstand übereinstimmen, so bei *Fliss, Hass*, wir brauchen uns also nicht darum zu kümmern, von wo Rmtsch *fliss, hass* seinen Ausgang genommen habe.

82. Die SchwD MM haben Laute, welche das Rmtsch nicht besitzt, so das *ö*; solche Laute müssen also notwendiger Weise eine Umformung erleiden, daher *ferster* < *Förster*. Wenn aber die Laute beiden Idiomen gleichmässig angehören, so ist eine solche Umformung nicht absolut und zum vornherein zu erwarten; so bleiben *o* und *f* unverändert, z. B. *fuor* < *Fuer* „Fuhre", *grob* ⌣ *grob*. Aber auch bei solchen Lauten, die beiden Idiomen gemein sind, können, durch besondere Gründe hervorgerufen, allerlei Wandelungen sich zeigen; während das *a* von *glatt* > *glatt* bleibt, geht das von *Chante-n* „Kanne" in *o* über, ⌣ *honta*[3]).

83. Die Vokale.

A. Kurzes ahd. mhd. *a* bleibt in den meisten SchwD MM als *a*, kurz oder verlängert. Dieses SchwD *a* erscheint im Rmtsch ebenfalls als *a*, ausgenommen vor Nasal, Bsp.: *gabla* ⌣ *Gable-n* „Gabel". — Vor Nasal resultieren drei Erscheinungen, *a, au, o*, Bsp.: *gan* < *Gang*; *baun* ⌣ *Bank*; *schonza* < *Schanze-n* „Schanze". Ganz die gleichen Erscheinungen zeigen sich auch bei Rmtsch Erbwörtern, *paun* < lat. *panis, flomma* ⌣ *flamma*. Näheres siehe VHu, S. 21 ff.

Vor *l* bleibt *a*, oder wird zu *au*, *schualma* „Schwalbe" ⌣ *Schwalme-n*, *caul* „Abteilung eines Schreines" ⌣ *G'halt*. Nur wenig Beispiele.

---

[1]) Der Anlaut jedenfalls als *t* gesprochen, denn es liegt eine volksetymologische Anlehnung an *Tisch* vor.

[2]) Es muss nämlich auch noch das geographische Moment, in welcher SchwD M *Dischchammer* gebräuchlich sei, in Betracht gezogen werden.

[3]) Dieser Fall ist ja nicht zu verwechseln mit obigem *Graf, Grof*, § 81. Denn die Vokale in *glatt, Chante-n* sind ahd. mhd. kurz. Genelin begeht S. 7 diese Verwechslung.

B. Langes ahd. mhd. *à* siehe § 81.

C. Kurzes ahd. mhd. *i* und *u* erscheinen in den meisten SchwD MM als geschlossenes *e* und *o*, kurz oder verlängt, seltener bleiben sie als reines *i* und *u*. Das Rmtsch zeigt, wie die zahlreichen Bsp. bei Genelin dartun, für *i (e)* meist *e*, für *u (o)* dagegen nicht *o*, sondern *u*. Also *huttla* ⌣ *Chuttle-n, Chottle-n* „Kaldaunen", aber *hessi* ⌣ *hitzig, hetzig*. Welchem Faktor die Verschiedenheit der Behandlung zuzuschreiben ist, weiss ich nicht. — Ischi 1897, 69 will Huonder *schuaun* von gleichbedeutendem *Schwung* ableiten, und er wendet viel Mühe an, um den Uebergang von *u* zu *au* glaublich zu machen. Mir scheint es einleuchtender, dass *schuaun* vom gleichbedeutenden SchwD *Schwang* herkomme, und dass der Fall sich verhalte wie *baun* ⌣ *Bank*.

Vor Dentalen erscheint für SchwD *u (o)* im Rmtsch *uo*, *muot*, § 41, *buoz* „Knabe" ⌣ *Butz*. Das gleiche zeigen Rmtsch Erbwörter, *puoz* „Brunnen" ⌣ lat. *puteus*.

D. Langes ahd. mhd. *i* bleibt in vielen SchwD, auch in GrB MM unverändert. Im Rmtsch erscheint es als *i* oder als *e*, *fliss* ⌣ *Fliss*, aber *scheta* „Speckseite" ⌣ *Site-n* „Seite". Die gleiche Erscheinung findet sich auch bei bodenständigen Wörtern, *fil* „Faden" ⌣ lat. *filum*, *veta* „Leben" ⌣ lat. *vita*. Näheres VHu S. 58 ff.

E. Langes ahd. mhd. *û* bleibt in vielen SchwD, auch in GrB MM unverändert und erscheint auch im Rmtsch als *u*, Bsp.: *ruh* ⌣ *ruch* „rauh". Die Farbenbezeichnung „braun", SchwD *brun* lautet im Rmtsch *brin*, gerade wie lat. *virtut-* zu *vertit* wird, aber dieses Wort ist eine ganz alte Entlehnung in den Rm Sprachen und kann nicht dem SchwD zugesprochen werden.

F. Die verschiedenen ahd. mhd. langen und kurzen *e*-Laute erscheinen in den SchwD MM als geschlossenes und offenes *e* und als überoffenes *ä*, und es herrscht hiebei, ich möchte fast sagen, ein eigentlicher Wirrwarr, der noch wenig durchblickt ist. GrB MM haben für diese *e*-Laute der übrigen SchwD MM nicht selten *a*, so sagt OSax *Chappli* „Käpplein", *Fald* „Feld". Im Rmtsch steht meistens *e*, z. B. *rebs* „Krebs- krankheit" ⌣ *Chrebs, Chräbs*. Einige Male erscheint *a*, z. B.

in *hazzer* „Ketzer" ⏜ *Chätser*. — Vor *r* ergibt SchwD *e* > *ie*, so *vierla* „Geschwür" ⏜ *Werle-n*, *uiersch* „quer" ⏜ *twerisch*[1]). Das gleiche findet bei bodenständigen Wörtern statt, *vierm* ⏜ lat. *vermis* „Wurm".

G. Langes und kurzes *o* der SchwD MM bleiben im Rmtsch, z. B. *ofniar* „eröffnen, kundtun" ⏜ *offne-n*.

84. Diphthonge. Die SchwD Diphthonge bleiben im Rmtsch, es sind nur sehr wenig Fälle, z. B. *braua* „Kante" ⏜ *Braue-n*; *geisla* „Geissel" ⏜ *Geisle-n*. Genelins Darlegungen über *ei*, S. 9, sind unrichtig. Ischi 1897, S. 70 leitet Huonder Rmtsch *tup* „dumm" von „tudestg anteriur" *toup* „unsinnig" ab, heutiges SchwD *toub, taub*. Da er aber VHu S. 91 sagt, in Erbwörtern bleibe *au* überall erhalten, z. B. *aur* „Gold" ⏜ lat. *aurum*, so ist nicht abzusehen, dass in obigem Lehnwort *ou, au* zu *u* werden sollte. *tup* gehört vielmehr zu gleichbedeutendem SchwD *tub*. Und ebenso unrichtig ist es, wenn Genelin S. 33 *schnuz* „Schnurrbart" von *Schnauz* ableitet. *Schnauz* ist zwar SchwD und bedeutet „Schnurrbart", aber gerade in GrB und Glarus und teilweise in der Zentralschweiz sagt man dafür *Schnuz*, und mit diesem *Schnuz* ist das Rmtsch Wort in Beziehung zu setzen.

Mhd. *uo* wird in den SchwD MM meist *ue* gesprochen, ob *uo* noch vorkommt, weiss ich nicht. Das Rmtsch hat *uo*, *muoder* „Mieder" ⏜ *nuoder* in Appenzell und am Monte Rosa. Genelins Vorbringungen über *uo*, S. 8 sind ganz schief.

85. Umlaute. Das SchwD hat die Umlaute *ä* (oder offenes *e*), *ö, ü, üe*, z. B. in *wüetig* „wütend", *öi, öü*, z. B. in *Böim, Böüm* „Bäume". — Kurzes mhd. *ü* wird in den meisten SchwD MM wie geschlossenes *ö* gesprochen, also *Hötte-n* „Hütte", seltener *Hütte-n*; vgl. analoge Erscheinungen beim

---

[1]) Damit ist der Vokal von *uiersch* erklärt, früher ist schon der Auslaut abgetan worden. Aber es bleiben noch Schwierigkeiten. Warum fehlt im Rmtsch das anlautende *t*? Der Luzerner Geschlechtsname *Twerenbold* wird auch *Werenbold* gesprochen, daher wird vielleicht auch noch mal ein SchwD *werisch* aufgezeigt. Warum lautet das Rmtsch Wort nicht *uierisch*? Ich wüsste keinen zweiten Fall, dass das Rmtsch ein SchwD *i* ausgeworfen hätte. Aber die gemeinSchwD Form ist *tweris* und *twers*, daher ist es möglich, dass neben GrB *twerisch* auch ein *twersch* bestünde nach § 9, Ende, und das wäre die Basis ohne *i*.

kurzen *i* und *u*, § 83 C. — Manche SchwD, auch GrB MM haben die Umlaute entrundet, sie sprechen also *Hisli* für *Hüsli* „Häuschen", *g'here-n* für *g'höre-n* „hören", *wietig* für *wüetig* „wütend" etc. — Der SchwD Umlaut deckt sich sehr oft nicht mit dem des Mhd. und Nhd. Luzern sagt *me wäschid* „wir waschen", aber *de fallt* „er fällt". — Die M von OSax kennzeichnet sich dadurch, dass ihr sehr oft der Umlaut fehlt, z. B. *Fass*, Pl. *Fassar*.

Das Rmtsch hat die Umlaute nicht, es setzt dafür die entrundeten Vokale, sei es, dass es die betreffenden Wörter aus MM mit Entrundung aufgenommen, sei es dass es die Entrundung selber ins Werk gesetzt hat. Also *bled*, OSax und andere GrB MM *bled*, häufigeres SchwD *blöd*. — Wenn nhd. *höflich* im Rmtsch als *hofli* erscheint, so ist das nichts Auffälliges, denn die meisten SchwD MM haben *hoflig*. — Wenn in den SchwD MM umgelautete und nicht umgelautete Formen neben einander stehen, Subst. *Nuts* neben Verbum *nütze-n*, *nötze-n* oder mit Entrundung *nitze-n*, *netze-n*, so hat das Rmtsch mehrere Male ausgeglichen, z. B.: *nez* „Nutzen", *nezziar* „nützen".

86. Vortonvokale. In den Silben, die vor der Tonsilbe stehen, erscheint in Rmtsch Erbwörtern oft *a* an Stelle des aus etymologischen Gründen zu erwartenden Vokals, so in *ramur* „Lärm" ⌐ lat. *rumor*, siehe VHu S. 104. Das Gleiche zeigt sich auch bei Lehnwörtern aus dem SchwD, z. B. *fasierli* „schön, artig, delikat" ⌐ *visierlich*; *snadrina* „Schneiderin" ⌐ *Schnideri-n* [1]). Wie *maniar* „meinen" neben *meini* „Meinung" zu denken sei, ist mir nicht ganz klar. Manche MM der Ostschweiz sprechen *a* für *ei*, so *ham* für *heim*, und auf ein solches *mane-n* für *meine-n* könnte *maniar* zurückgehen, oder dann ist *a* Vortonvokal [2]).

87. Vokalwandel im Paradigma der Flexion. Die flektierbaren Erbwörter des Rmtsch zeigen oft Vokalwechsel, nicht selten mit Metathesen verbunden, nach den verschiedenen

---

[1]) Genelin, auf den ich mich in diesem Abschnitt besonders stütze, führt zwar diese Wörter nicht an, aber sie sind mir sonst wohl bekannt.

[2]) Es gibt sogar noch andere Möglichkeiten der Erklärung des *a*.

Stellungen im Paradigma. „Ei" heisst im Sing. *iev*, aber der Plur. lautet nicht *ievs*, sondern *ovs* oder *ova*. „Trinken" heisst *beiber*, aber „getrunken" *bubiu*; *duvrar* „brauchen", aber *drova* „er braucht". Dieser Vokalwechsel beruht auf Auslaut-, Akzent- und andern Wirkungen. Nun machen auch manche Entlehnungen aus dem SchwD diesen Wandel mit. SchwD *Stock* „Butterballen" lautet zwar im Rmtsch Plur. *stocs*, aber der Sing. hat *stiec*. Das *a* von SchwD *mangle-n* „mangeln" ergibt im Rmtsch *au*; aber dieses *au* bleibt nur in betonten Silben: *maungla* „er mangelt", in unbetonten wird es zu *u*: *munglar*, Infin.

88. Konsonanten. Die meisten SchwD Konsonanten erleiden beim Uebertritt ins Rmtsch keine Veränderungen, so bleibt *sch* in SchwD *listig*, gesprochen *lischtig*, im Rmtsch, wenn es auch die Rmtsch Schriftsprache nicht markiert, sondern *lesti* schreibt. Solche Konsonanten wie *b*, *d*, *f*, *m*, *p*, *t*, etc. geben keinen Anlass zum Besprechen. — Sind also diese Verhältnisse recht einfach, so sind die der Gutturalen komplizierter. Sie sind das schon in den SchwD MM. Ahd. mhd. *kranc*, *linc* erscheinen in der Luzerner M mit verschiedenem Auslaut, beim erstern Wort mit *k* |- *ch*, beim letztern mit einfacher Fortis. Dies macht das Studium der Gutturalen in den Rmtsch Lehnwörtern schwierig, und ich muss gestehen, dass ich ausser beim *ch* keine Gesetze habe aufdecken können, ich kann nicht sagen, warum *schenke-n* ⌢ *schenghiar*, *Henker* aber ⌢ *hentger* ergibt. Was hierüber in meinen Vorarbeiten steht, ist nicht brauchbar. Wenn „zagen" als *zachiar* erscheint, so ist hier nicht, wie Genelin S. 10 meint, die Lenis verhärtet, viele SchwD MM sprechen *zagge-n*, mit Fortis, und dies ist unverändert ins Rmtsch gewandert. Huonder leitet Ischi 1897, S. 58 *sgriziar*[1]) „knirschen" von „tud. vegl" *kritzen* ab, dann wäre *k* zu *g* geworden. Diese Ableitung ist sicher falsch, wir müssen an ostschweizerisches *gritze-n* „zähneknirschen" anknüpfen. Huonder zieht Ischi 1897, S. 65 Rmtsch *printgas* „Gesundheit (trinken)" zu deutsch *bring' es*, dann wäre *ng*, d. h. der gutturale Nasal zu *ntg*

---

[1]) *s-* ist das lat. Präfix *dis-*.

geworden. Das scheint mir unglaublich, ich möchte lieber an die in der Schweiz weit verbreitete Formel *bring ech's* „(ich) bringe es euch" anknüpfen, aus *ng + ch* liesse sich wohl eher Rmtsch *ntg* erklären, aber ich halte auch das für unsicher, weil ich keinen weitern analogen Fall auftreiben kann. — So bleiben mir zur Besprechung nur *ch*, *w* und die SchwD Laute übrig, welche im Rmtsch Mouillierung ergeben.

A. SchwD *ch* erscheint im Rmtsch gemeiniglich als *h*, *strihar* „streichen" < *striche-n*. Vor Konsonanten erscheint es als *c* oder fällt weg: *crutscha* „Krücke" < *Chrucke-n*, *cle* „Klee" < *Chlee*, *ruccla* „Kugel" < *Chrugle-n*, *rizzer* „Kreuzer" < *Chrüzer*, *Laus* „Nikolaus" < *Chlaus*. In Verbindungen, die dem Rmtsch Mund unbequem sind, fällt es aus; z. B. *bustab* < *Buechstab*[1]) „Buchstabe". — Wenn neben SchwD *Tachs* „Dachs" und *Büchs* „Büchse" Rmtsch *tais* und *buis* stehen, statuiert Genelin S. 10 Uebergang von *ch* in *i*, Huonder hat vom ersteren Wort eine andere Meinung, ich weiss nichts dazu zu sagen.

B. SchwD *w* erscheint als *u* und als *v*, im ersteren Falle ist die Entlehnung wohl die ältere. Also einerseits *uadel* „Weihwedel" < *Wadel*, *ucibel* „Gerichtsdiener" < *Weibel*, aber anderseits *venda* „Winde" < *Winde-n*, *Wende-n*, *viega* „Hackmesser" < gleichbedeutendem *Wiege-n*. SchwD *Würfel*, *Wörfel* erscheint im Rmtsch mit *u* und mit *v*, als *uerfel* und *verfel*. Und *Wuer* „Flusswehre", wo *w* vor *u* steht, ergibt *vuor* und *uor*. — Wenn SchwD *wärche-n* „eifrig arbeiten" zu *barhar* wird, so ist hier nicht ohne weiteres *w* in *b* gewandelt. Nach § 87 werden in gewissen Formen des Verbums *a* und *r* umstellt, so im Imperat. Sing., der also *vraha* lauten würde. Hier nun ist *v* zu *b* geworden, wie in *briccla* neben *vriccla* „Warze" < lat. *verrucula*. Carigiet S. 394. Und von Formen wie *braha* aus hat sich das *b* über das ganze Paradigma ausgedehnt.

C. SchwD *l* wird im Rmtsch mouilliert vor weichen Vokalen, desgleichen *n* in Berührung mit weichen Vokalen oder *sch*, und endlich wird SchwD Guttural + *n* zu Rmtsch

---

[1]) So ist auch *h* in *caul* < *G'halt* etc. geschwunden.

gn. Beispiele: *Glesta* „Liste" < *Liste-n*, *glenda* „Linde" < *Linde-n*, *gnuc* „Tölpel" ⌐ *Knuck*, *sgnappar* ⌐ *schnappe-n*, *sgnocca* „Spass, Witz" ⌐ *Schnogge-n*. Aus der Vacca pugniera: „Die (Kuh, welche) Crutscha (hiess) roch und schnüffelte" [*schnuffle-n*] = *La Crutscha ferdav' e schgnuflava*. Carisch S. 77: *kignau* „erpicht", von SchwD *gine-n* „gierig sein".

89. Explosiven vor l.

A. In den SchwD MM geht eine weiche Explosiva vor *l* oft in eine harte über. Die Luzerner M sagt *Lob*, aber *löplich*, „Friedrich" lautet in sehr vielen SchwD MM *Fridli*, aber gerade GrB MM sagen *Fritli*, in der Zentralschweiz beobachte ich *Chuggle-n* „Kugel"[1]). Es haben daher Rmtsch Fälle wie *huccla* „Kugel" etc. nichts Auffälliges.

B. Das Rmtsch wandelt in Erbwörtern oft vor *l* den Dental in einen Guttural, so *ruclar* „rollen" ⌐ lat. *rotula*. Diesem Gesetz folgen auch SchwD Lehnwörter[2]). *Fändli* „Fähnchen" ergibt *fengli*, *Zottle-n* „Fetzen" ⌐ *soccla*. Ein Volksrätsel über den Mund: „Eine kleine Hürde [*Ständli*, Demin. von *Stand* „Hürde"] (mit) voll weisse Zicklein" = *In stengli cun plein ansenls alvs*.

90. Anlaut.

A. Wir treffen im Rmtsch oft Wörter mit anlautender Fortis, wo das Schriftdeutsch eine Lenis hat, so *tumm* „dumm", *peter* „bitter". Aber das ist nichts Auffallendes, die SchwD MM haben oft anlautende Fortis, wo das Nhd. die Lenis aufweist, SchwD *tumm* ist weit verbreitet, und *pitter* sagt gerade die Ostschweiz. So werden im SchwD gemeiniglich auch die Vorsilben *be-* und *ge-*, unter Auswerfung des Vokales, als *p* und *k* gesprochen. Wenn man M Texte nicht streng wissenschaftlich schreibt, so drückt man das allerdings nicht aus, man schreibt also *G'halt*, *B'hüet di Gott* etc. Gesprochen wird faktisch *khalt*, *phüetigot*, daher Rmtsch *caul*, *pietigot*.

Nun treffen wir aber im Rmtsch auch anlautende Fortis, wo alle SchwD MM die Lenis haben, so in *cuchiar* „gucken"

---

[1]) Die SchwD MM haben zwei Ausdrücke für „Kugel", *Chugle-n* und *Chrugle-n*, letzteres siehe § 88 A.

[2]) Genelin nennt die unter B behandelten Fälle nicht, sie sind mir aber sicher bekannt.

< *gugge-n*. Aber das Partizip Präter. von SchwD *gugge-n* lautet *g'gugget*, und die zwei anlautenden *g* werden zusammen als Fortis gesprochen. Nun kommt aber bei diesem Verbum das Präterit.[1]) sicher häufiger vor als das Präsens, man kommt häufiger in den Fall, zu sagen „ich habe geguckt", als „ich gucke", daher hat das Rmtsch Ohr den Anlaut dieses Verbums häufiger als Fortis denn als Lenis gehört, und so begreifen wir den Anlaut in *cuchiar* wohl. Aehnlich verhält es sich mit *cletg* „Glück", wo auch alle SchwD MM das Wort mit der Lenis beginnen: *Glück, Glöck*. Hier kommt nämlich durch Sandhi häufig eine anlautende Fortis zustande, es wird z. B. in der häufig vorkommenden Phrase *De hed Glück* „Er hat Glück" *d + g* zusammen als gutturale Fortis gesprochen. Und endlich ist auch *cumbriar* „kümmern" < *chumbere-n* ein ähnlicher Fall. *Chumbere-n* könnte nur *humbriar* ergeben, aber vom Partizip *g'chumberet* aus kommt man regelrecht zu *cumbriar*. — Siehe noch *kignau*, § 88 Ende.

B. Rmtsch Wörter lauten hie und da mit *tsch* an, während ihre SchwD Vorbilder *sch* haben. Hier hat das Rmtsch mit dem Subst. auch den Artikel herübergenommen. In den meisten SchwD MM haben gewisse Formen des bestimmten Artikels den Vokal verloren und lauten also bloss *d* oder, wie meist gesprochen wird, *t*. In der Luzerner M lautet „die Elle" = *D'Ell*, gesprochen *tell*. So erklären sich Rmtsch Wörter wie *tschoss* < *D' Schoss*. *Tscheffla* „Weberschifflein" ist Laut für Laut das *D' Scheffla* des § 91 D. Uebrigens finden sich im Rmtsch auch die Formen ohne anlautendes *t*, ohne SchwD Artikel, also *schoss*.

91. Auslaut. A. Für die vollen Auslautvokale des Ahd. haben die meisten SchwD MM nur die beiden -*i* und -*e*, resp. -*e-n*. Ahd. *guotiu* ergibt *guoti*, z. B. *gucti Chind* „gute Kinder", ahd. *gestim* ergibt *Geste-n*. Manche SchwD MM, darunter besonders auch solche von GrB sprechen -*a*, -*a-n* für -*e*, -*e-n*, OSax sagt *Tascha* für sonst weitverbreitetes *Tasche-n*.

---

[1]) Die SchwD MM haben nur das zusammengesetzte Präterit., also kein „ich guckte".

B. SchwD -*e*, -*e-n*, resp. -*a-n* erscheint im Rmtsch als -*a*. *Ohre-n-ringli, Ohra-n-ringli* ergibt *orarengli*, Luci S. 37.

Die Wörter auf -*e-n*, welche das Rmtsch vom SchwD aufnimmt, sind zum grössten Teil Subst. Dabei werden die Mask. unter ihnen zu Fem. Nun findet sich aber auch der Fall, dass das Rmtsch diese Wörter nicht zu Fem. macht, dann wirft es aber die Endung ab, z. B. *erbarm* ⏜ *Erbarme-n*.

Weit seltener nimmt das Rmtsch die SchwD Endung -*e-n*, -*a-n* als -*en*, -*an* herüber. *hufan* „Haufen" < *Hufe-n*, Luci S. 47, *uaffen* ⏜ *Waffe-n*.

Wenn schriftdeutsches „Zelt" im Rmtsch als *zelta* erscheint, so liegt hier nichts Auffälliges vor, denn SchwD MM von GrB, welche dem Rmtsch das Wort geliefert, haben *Zelta*. Anders liegen die Verhältnisse bei *hurta* „Gestell im Keller", Kuoni S. 319, und *hexa* „Hexe". Die SchwD MM haben, so viel wenigstens bisher bekannt gegeben worden ist, nur die Formen *Hurd, Hurt* und *Hex*. Allein ich kann mir ganz wohl vorstellen, dass die Rmtsch Wörter vom SchwD Plur. *Hurte-n, Hexe-n* den Ausgang genommen haben.

C. SchwD auslautendes *i* bleibt unverändert, z. B. *Burdi* ⏜ *buordi*. Die SchwD Adj. auf -*lich* haben Nebenformen auf -*lig* und -*li*, man sagt *huslich, huslig* und *husli* „ökonomisch, arbeitsam". Wenn wir nun im Rmtsch *husli* finden, so werden wir dieses mit der zuletztgenannten der obigen drei Formen in Verbindung bringen. Nun aber erscheinen viele Wörter, Subst. und Adj., die im SchwD nur auf -*ig*, ohne Nebenformen auf -*i*, ausgehen, im Rmtsch mit dem Ausgang -*i*. SchwD *Rüstig* „Gewand, Plunder" tritt als *resti* auf, *hitzig, hetzig* als *hetsi*. Hier hat sich entweder auf lautgesetzlichem Wege SchwD -*ig* in Rmtsch -*i* verwandelt, oder da das Rmtsch bodenständige Wörter, und zwar ebenfalls Subst. und Adj. auf -*i* besitzt, wie *domini* „Herrschaft", *propri* „eigen", so haben die SchwD Wörter sich an dieselben angelehnt und von ihnen die Endung angenommen, gerade wie die Subst. unter ihnen auch im Geschlecht ein Gleiches getan haben.

D. Das SchwD Deminutiv -*li* erscheint im Rmtsch, wie wir nach den Ausführungen unter C erwarten, in unveränderter Gestalt. *Fähnli* erscheint als *fengli*. Aber eine nicht geringe Zahl von Deminutiven geht im Rmtsch auf *-la* aus, und ist demgemäss Fem.: *Tscheffla* „Schiffchen" ⌒ *Schiffli*, *negla* „Nelke" ⌒ *Nägeli*, *riebla* „Karotte" ⌒ *Rüebli*, *cragla* „Kragen" ⌒ *Chrägli*. Hier kann man weder an lautgesetzlichen Wandel, noch an Anlehnung an Rmtsch Muster denken. Nun haben aber GrB MM nach Bühler zu dem Sing. *-li* der Deminutiven einen Plur. auf *-la*, *Maitli* „Mädchen", Plur. *Maitla*. Und diese Plur. sind zu Rmtsch Sing. geworden.

E. Im Rmtsch verstummen in gewissen Fällen die Explosiven nach Liquiden, also *gron* neben oder für *grond* „gross" ⌒ lat. *grandis*. Hierüber redet u. a. Muoth in seinen Normas Ortograficas, S. 64. Die gleichen Erscheinungen zeigen auch SchwD Lehnwörter wie *gan* ⌒ *Gang*, *baul* ⌒ *bald*.

92. Wir finden endlich bei den ins Rmtsch eingedrungenen SchwD so gut wie bei den bodenständigen Wörtern noch **alle jene bekannten Erscheinungen,** wie Dissimilation, Metathese, Einschub von Vokalen zwischen Explosiva und Liquida, volksetymologische Umformungen. SchwD *Chrämer* „Krämer" wird zu *hermer*, *holdselig* ergibt nicht *holzeli*, sondern *honzeli*, für *trurig* „traurig" habe ich in alten Schriften oft die Form *truli* getroffen, so oft, dass es nicht bloss eine Vereinzelung gewesen sein kann, sondern wirklich volkstümlich gewesen sein muss, wenn es auch heute, wie mir mitgeteilt wurde, nirgends mehr existiert. Beleg aus einem Volkslied: „Sie ging nach Hause so traurig, traurig" = *Mav' ella a casa schi trulia, truliamein*[1]). Aus *G'mach* wird Rmtsch *cumah*, aus *Sprung* ⌒ *sparun*, es ist einleuchtend, dass vor dem Lippenlaut *u*, vor einem andern Laut *a* erscheint. Ergibt *Zitlose-n* „Herbstzeitlose" *tschenta-loscha*, so liegt hier eine volkstümliche Umformung vor unter Anlehnung an *tschenta*, welches je nach der Qualität des *e* „Gürtel" oder „Satz" bedeutet. Dass Volksetymologien keinen Sinn zu haben brauchen, ist bekannt.

93. Schlussbemerkung. Meine Lautbeschreibung in diesem Abschnitt ist vielleicht nicht so exakt, wie sie der

---

[1]) *-mein* bildet das Adverb, frz. *-ment*.

eine oder andere Leser etwa wünschen möchte, ich gebe ja nirgends an, ob ein Vokal lang oder kurz, offen oder geschlossen sei, die Lautbeschreibung bei Meyer-Lübke, Gartner etc. ist skrupulöser. Aber ich glaube, eine so minutiöse Darstellung sei eine interne Angelegenheit der Rm Forschung, von der ich mich dispensieren dürfe. Und schliesslich kann ja einer aus dieser Materie ganz wohl ein eigenes Thema bilden: „Die Lautverhältnisse der SchwD Lehnwörter im Rmtsch und Lad, einlässlich untersucht". Dabei würden wohl auch einige Punkte aufgeklärt, denen ich ratlos gegenüber stehe. Ich glaube z. B., dass Rmtsch *neher* „nüchtern" wirklich das SchwD *nüechter* sei, da ich keine andere Anknüpfung weiss, aber wie soll man sich *e* für *üe*[1]) und den Schwund des *t* erklären?

Morphologische Erscheinungen.

94. Vorbemerkung. Das Rmtsch nimmt vom SchwD gewöhnlich bloss den Stamm des Wortes als Rohmaterial herüber und formiert ihn dann mit seinen eigenen Mitteln. Das SchwD hat ein Adj. *grob,* und davon Ableitungen wie *groblig, grobänisch, Gröbi, Groblächtigi „Grobheit", ergrobe-n* etc. Das Rmtsch hat nur *grob* adoptiert und das Abstraktum hat es mit dem bodenständigen Formativ *-dat* gebildet, also *grobadat.*

Von SchwD Wörtern, die aus Stamm + Formativ bestehen, hat das Rmtsch nur dann grössere Quantitäten herübergenommen, wenn diese Formative nicht gar zu aufdringlich germanisch aussehen, also z. B. Wörter mit Suffixen wie *-i*; Wörter mit Suffixen wie *-keit, -schaft* sind dagegen nur vereinzelt eingedrungen, z. B. *Oberkeit* „Obrigkeit". Viele Reden in den zahlreich publizierten Redesammlungen fangen an: „Erlauchteste und wohlweise Herren der löblichen Obrigkeit" == *Illustrissims e bein sabis signurs dil ludcivel oberkeit*[2]).

---

[1]) *Wüetig* „wütend" ergibt ja *vieti.*

[2]) Die in diesem Paragraphen angeführten Tatsachen sind auch ein Beweis dafür, dass Nossa Romontsch noch recht viel rüstige Lebenskraft besitzt.

95. Vorsilben. A. Wörter mit Vorsilben wie *ver-*, *ent-* hat das Rmtsch nur wenige herübergenommen, z. B. *ferstan* < *Verstand*.

B. Die SchwD Vorsilbe *un-* wird immer durch das einheimische *mal-* ersetzt: *Unhusli* „unökonomisch" > *malhusli*, *unlidig* „ungeduldig, empfindlich" > *malidi*, *unlustig* „schmutzig, ekelig" > *malusti*, *unredlich* > *malrecli*.

C. Die Vorsilbe *us-*, „aus" wird durch das etwas anklingende *s-* < lat. *dis-* ersetzt: *Usnütze-n* > *snizziar*, *usblündere-n* > *sblundergiar*, *usnarre-n* „verhöhnen" > *snarriar*, *usblugge-n* > *sbluccar*[1]) „nagen, schwatzen". Aus dem Drama Heinrich von Eichenfels: „Strafe die, welche machen Spott und aushöhnen deine Gebote" = *Castigia quels, che fan spot e snarregian tes condaments*.

D. Die Vorsilbe *ver-* wird sehr oft durch *vi* „hin" wiedergegeben. Ein altschweizerisches Wort für „vermieten", das auch die Ostschweiz brauchte, ist *verla* „verlassen", und dies kehrt im Rmtsch als *schar vi* wieder. Ferneres Beispiel: „Der Arme geht und vertrinkt [Idem] diese (Pfennige)" = *Il pauper va e beiba vi quels*. Interessant ist, dass zu *emblidar*, das schon an und für sich „vergessen", und zu *zuppentar*, das schon an und für sich „verbergen" bedeutet, unter dem Einfluss des *ver-* von SchwD *verberge-n* und *vergesse-n* das *vi* noch pleonastisch beigefügt wird. Bsp.: „Um zu verbergen seinen Gedanken" = *Per zuppentar vi siu pertratg*.

96. Nachsilben.

A. Manche SchwD Nachsilben haben mit Rmtsch Nachsilben eine gewisse lautliche und sogar eine begriffliche Aehnlichkeit, daher wird für das SchwD Formans mühelos das Rmtsch substituiert. Ein SchwD Formans für Bezeichnung von weiblichen Personen ist *i-n*, wie in *Chöchi-n*, und ein Rmtsch Formans für den gleichen Zweck ist *-ina*, z. B. in *cusrina* „Base" neben *cusrin* „Vetter". So kann denn das SchwD *Schnideri-n* ohne weiteres durch Rmtsch *snadrina* wiedergegeben werden.

---

[1]) *sbluccar* vereinigt die Bedeutungen von *usblugge-n* „auszupfen, ausbrechen" und einfachem *blugge-n* „ausbrechen, schmatzen". Von „schmatzen" gelangt man leicht zu „schwatzen".

B. Demgemäss wird das Suffix *-e-n*, wofür ja viele, auch GrB MM *-a-n* sprechen, sehr oft durch *-a* wiedergegeben, wie schon bei den Auslauterscheinungen bemerkt worden ist. *Schnittle-n*, ein in der Ostschweiz gebräuchlicher Ausdruck für „Obstschnitz", wird zu *schnetla*. *Futter*, *Futtere-n* heisst im SchwD „arger Kerl, arges Weib", und das ergibt im Rmtsch *futer, futra*. Allerdings ist dann ein solches feminines *-a* im Rmtsch auch in Fällen angetreten, wo im SchwD kein Muster vorlag; das SchwD bildet zu *Buob* „Knabe" kein Fem., sondern sagt dafür *Meitli, Meitschi*, das Rmtsch hat dagegen *buoba* neben *buob*. Aus einer Zeitungsannonce: „Schuhe für Knaben und Mädchen" = *Calzers per buobs e buobas*.

C. Das SchwD Suffix *-ete-n*[1]) wird durch das bodenständige *-ada* ersetzt, *Tschupplete-n* „Schar" > *tschuplada*, *Trupplete-n* „Menge" > *truplada*, *Schlittete-n* „Schlittenpartie" > *schlittada*. Belege: Aus dem Toni de Chischlatsch: „Eine gewaltige Schar" = *Ina termenta tschuplada*. Aus dem Märchen „Von dem, der verstand die Sprache der Tiere" = *De quel, che saveva il lungatg dils animals*: „Da ist eine Schar Frösche gekommen und hat angefangen zu quacken" = *Cheu ei ina truplada reunas vignidas et ha entschiet a quaccar*.

D. Das SchwD Suffix *-eri* wird durch *-eria* wiedergegeben, das ein einheimisches Formans ist, und sich z. B. in *ranveria* „Geiz" findet, also *Gasteri* > *gasteria*, *Pfuscheri* > *fuscheria*.

E. Vereinzelt haben noch manch andere ähnliche Umsetzungen von SchwD Suffixen stattgefunden, so wird in *butretg* „Fässchen, Bauch" < gleichbedeutendem SchwD *Butterich, Bütterich, Bütterech*[2]), das SchwD *-cch* durch das im Rmtsch sehr gebräuchliche *-etg* ersetzt.

F. Von *bettler* < SchwD *Bettler* hat das Rmtsch mit einheimischem Suffix *-aglia* ein Wort *bettleraglia* „Bettlerpack" gebildet. Dann hat es aus *bettleraglia* ein Suffix

---

[1]) Beide Silben unbetont.
[2]) Im Lad bedeutet das Wort auch noch „fettes Kind" und auch diese Bedeutung ist SchwD, sie gehört der Ostschweiz an.

-*craglia* abstrahiert und an *schelm* < SchwD *Schelm* angehängt, also *schelmeraglia* „Schelmenpack".

G. SchwD Deminutive auf -*li* sind vom Rmtsch zahlreich adoptiert worden, z. B. *fessli* „Fässchen" < *Fessli, glesli* „Gläschen" < *Glesli, tschepli*¹) „Schöppchen" < *Schöppli, quercli* „Quärtchen" < *Quärtli*²). Aus dem Drama Thomas Massner von A. Tuor: „Die von Felsberg sind gewonnen durch ein gutes Schöppchen" = *Quels de Favugn en gudignai per in bien tschepli*. Manchmal hat aber das Rmtsch auch sein eigenes Deminutivsuffix -*et* substituiert. „Kniff" heisst im SchwD *Fortel*³) und das Deminutiv dazu, das besonders häufig gebraucht wird, *Förteli*⁴). Das Rmtsch sagt aber *fortelet*. Aus Molières Avare, bearbeitet von P. A. de Latour: „Listen und Kniffe" = *Enchins*⁵) *e fortelets*.

97. Die **Konjugation** der aus dem SchwD entlehnten Verben. Fast alle aus dem SchwD herübergenommenen Verben gehen, wie man so sagt, nach der ersten Konjugation, lat. gedacht nach den Verben auf -*are*. Ausnahmen sind selten, z. B. *lattir* < gleichbedeutendem *latte-n* „Latten anbringen".

Bei der Anfügung der Rmtsch Infinitivendung -*ar* zeigen sich mehrere interessante Erscheinungen.

A. Das Rmtsch -*ar* wird an den Stamm angehängt, z. B. *gastar* „gastieren" < altschweizerisch *gaste-n*. Dies geschieht besonders bei Verben, welche im SchwD das Formativ -*le-n* haben, z. B. *mislar* „prügeln" < *müsele-n*⁶). Aus einem Schullesebuch: „Vor allem sollten Kinder nie necken [*ziggle-n*] Pferde" = *Surtut dovessen uffonts mai ziclar cavals*.

B. Das Rmtsch -*ar* wird an den SchwD Inf., der auf -*e-n* resp. -*a-n* ausgeht, angehängt, die Fälle sind nicht häufig. Bsp.: *Buhanar* „eine Oeffnung erweitern" < *buche-n*. Aus dem Drama: „Der bekehrte Geizhals" = *Il ranver convertiu*:

---

¹) Anlaut nach dem SchwD Plur. *D'Schöppli*.
²) *e* vor dem *l* nach § 89 B.
³) Eigentlich „Vorteil", -*tel* ist schwachtonig.
⁴) Für *Förtel-li*.
⁵) Auffällige Schreibung für *Enschins*, wohl Druckfehler.
⁶) Huonder VHu S. 67, Z. 32 ist abzuweisen.

"Sie kommen rumpelnd [*rumple-n*] über die Treppe hinab" = *Ei vegnan a rumplanont dallas scalas giu*. *Bintjunar*[1] "durch einen Stoss heimlich aufmerksam machen" < gleichbedeutendem SchwD *büngge-n*.

C. Das SchwD Verbum hat, und zwar in allen MM, oft ein *i* in der Endung. In der Luzerner M sage ich z. B: *me machid* "wir machen", *i machi* "faciam", *i glaubti* "crederem". Daher rührt es, dass der grösste Teil der aus dem SchwD entlehnten Verben im Rmtsch auf *-iar* ausgeht, z. B. *harriar* "ausharren" < *harre-n*.

D. Oft wird das SchwD Verbum im Rmtsch mit *far* "machen" und dem substantivierten SchwD Infinitiv umschrieben. Bsp.: *far il chifflen* "zanken" < *chiffle-n*, Kuoni S. 313, *far il melden* "kundtun, Ausdruck des Kartenspiels" < *melde-n*. Aus einer der alten volkstümlichen Erzählungen, welche DecChr "Novellen" nennt: "Ihr Mann kommt auch zu ihr, um lassen machen das Putzen (um sich die Schuhe putzen zu lassen)" = *Seu umm vegn e*[2] *tier ella per schar far il putzen*. Das SchwD kennt keine solche Umschreibungen.

98. Deklination. Die meisten Rmtsch Subst. haben den Plur. auf *-s*. Daher kommen dem Rmtsch Sprachgeist SchwD Wörter wie *Iltis*, *Eltis* und *Aenis*[3] "Anis" als Plur. vor, und so hat er sich die Sing. *elti* und *eni* gebildet.

Carigiet sagt S. 34, *buob* habe im Plur. *buoz*. Dieses *buoz* ist aber gar nicht SchwD *buob*, sondern es ist das § 83 C vorgeführte *buoz*; der Wandel von $b + s > t + s$ wäre nicht denkbar.

99. Komposition.

A. Die Zahl der aus dem SchwD tale quale herübergenommenen Komposita ist nicht gar gross, solche Komposita sehen allzu aufdringlich germanisch aus[4]). Bsp.: *passgigia* "Bassgeige" < *Passgige-n*. — Auffällig ist die Wiedergabe von *Purcliit* "Bauernleute" mit *purs gleut*. Aus der Rede:

---

[1]) Der Vokal *u* macht mir Schwierigkeiten.
[2]) *e* ist Nebenform von *era*.
[3]) Akzent auf der ersten Silbe, *-is* schwachtonig.
[4]) Nochmals ein Beweis für die Lebensfrische von Mumma romontscha.

„Warum und wie sollen wir pflegen die Rmtsch Sprache" = Pertgei e co dueigien nus cultivar il lungatg romontsch: „Unsere Bauernleute" = *Nos purs gleut*.

B. Die wörtliche Uebersetzung von SchwD Komposita ist auch nicht gerade häufig. Ein Beispiel: *lang + wil + ig > liunga | ura + us > liungurus*. Aus der Fabiola: „Lege weg dieses langweilige Buch" = *Metta naven quest liungurus cudisch*.

C. Ausserordentlich zahlreich sind im Rmtsch Subst. Komposita, wo das bestimmende Wort einfach, ohne ein Bindeformans hinter das zu bestimmende Wort tritt. „Türe" heisst *esch*, „Stube" *stiva*, und „Stubentüre" *eschstiva*. Wenn ich diese Komposita übersehe, so ergibt sich mir, dass es gerade solche sind, welche auch das SchwD hat, und welche zu den alltäglichen, allergebräuchlichsten Wörtern desselben gehören. Daher nehme ich an, dass sie dem SchwD nachgemacht sind, *eschnuegl* ist nach *Stalltüre-n* gebildet. Huonder hat VHu S. 116 ff. eine andere Meinung. Die fortschreitende Forschung wird zeigen, wer das Richtige gefunden hat, er oder ich.

100. Uebergang von der einen Wortkategorie in die andere. Die beiden SchwD Subst. *Chätzer* und *Narr* werden im Rmtsch auch als Adj. verwendet. Der Uebergang begreift sich aus folgendem. Es gibt im SchwD Zusammenhänge, in denen *Narr* und *Chätzer* wie Adj. aussehen. Man sagt *e-n Narre-n-bueb*, gerade wie man sagt *e-n tumme-n Bueb*, und es heisst *es Chätzers-loch* gerade wie es heisst *es unmässigs Loch*[1]). Bsp. vom adj. Gebrauch dieser Wörter im Rmtsch: Aus dem Toni von Chischlatsch: „Eine sehr grosse Treppe" = *Ina hazra*[2]) *scala*. Aus einem Volkslied: „Ein törichtes Mädchen" = *Ina mattatscha narra*.

Syntaktische Erscheinungen.

101. Vorbemerkung. Das Rmtsch behält bei Entlehnungen oft die Fügungen des SchwD bei. Man sagt im SchwD häufiger „Diese Sachen sind mir gedient", als „Mir ist mit

---

[1]) Beide bedeuten „ein sehr grosses Loch".
[2]) Mask. *hazer*, Fem. *hazra*.

diesen Sachen gedient". Demnach sagt das Rmtsch: „Die Gelder waren ihm jetzt mehr als gedient" = *Ils danes eran ei ussa pli che survi* [1]). Oder das Rmtsch hat bei SchwD Lehngut andere Fügungen als sein Vorbild, es sagt z. B. *senizziar* „Vorteil ziehen aus", das SchwD *nütze-n* kann nicht reflexiv verwendet werden.

102. Das SchwD verwendet mit grosser Vorliebe zwei Arten von gekürzten Konstruktionen, und beide Arten hat auch das Rmtsch angenommen.

A. **Gekürzte präpositionale Wendungen.** Das SchwD sagt: „Die Wand ist durch [*dur, dor*], d. h. durchbohrt"; „die Kartoffeln sind ob [Idem], d. h. ob dem, auf dem Feuer"; „der Mann ist in [Idem], d. h. im Zuchthaus". Rmtsch Fälle: Aus einem Märchen: „Der Schlüssel war in, d. h. im Schloss" = *La clav era en*. Aus dem Toni de Chischlatsch: „Diese Wand ist schnell gewesen durch, d. h. durchbohrt" = *Quella preit ei prest stad'* [2]) *atras*. Aus Carnots „Waffen und Tränen im Kreise Disentis" = *Armas e larmas en la Cadi*: „Die Hand ist ab, d. h. abgehauen, lasst sie verfaulen" = *Il maun ei giu, schei el smarschir*.

B. **Gekürzte Wendungen bei Hilfszeitwörtern.** SchwD „Ich kann ihm nicht zu [*zue*], d. h. beikommen" [*zuccho*]. Rmtsch Beispiele: Aus Märchen: „Probieren, welche von den Jungfrauen könne hinein(kommen) in den Pantoffel" = *Empruar tgeinina dellas giuvnas pudessi en ella* [3]) *pantoffia*. „Wie muss man (es) machen, um zu können zu ihr (gelangen)" = *Co sto ins far de puder tier ella?*

103. Nackte Verbindungen, ohne verknüpfendes Formwort. Während z. B. das Französische sagt: *âgé de sept ans*, sagt wie das Schriftdeutsche, so auch das SchwD: *sibe-n Jahr alt*. Und solche Konstruktionen hat das Rmtsch vielfach adoptiert, wobei es auch die Stellung des SchwD beibehält, z. B. „fünf Jahre alt" = *tschunc onns vegls*.

---

[1]) Akzent auf der zweiten Silbe, es ist Nom. Plur. Mask. zum Sing. *surviu* von *survir* < lat. *servire*.

[2]) Für *stada*.

[3]) *ella* < *en* + *la*.

A. **Nackte Verbindung** eines Subst., das eine **Massangabe** enthält, mit einem Subst., das den gemessenen Stoff bezeichnet. „Bezahlen ein Fässchen Bier" [*Fessli Bier*] = *Pagar in fessli bier*. „Zwei Glas Bier" [Idem] = *Dus glas bier*. „Eine Bürde Holz" [*Burdi Holz*] = *In buordi lenna*. Aus der Vacca pugniera: „Ein Trupp Bauern" [*Tschuppel Pure-n*] = *In tschupel purs*. — Im SchwD kann in vielen Fällen die Präp. *mit* zwischen die beiden Subst. treten, z. B.: *E-n Glas mit Bier*. Das Rmtsch hat diese Konstruktion auch: *In glas vin* oder *in glas cun vin*, Muoth, Normas ortograficas, S. 84.

B. **Nackte Verbindung eines Adj. mit einem Subst.** Es sind das die Adj. *alt* = *vegl*, *voll* = *plein* und die Bezeichnungen der Dimensionen. „Ein Beutel voll Tabak" = *Ina scufluna pleina tubac*. „Makaroff, der 56 Jahre alt war" = *Makaroff che fuva 56 onns vegls*. „Die Mauer wird zwei Spannen hoch" = *Il mir vegn dus brauncas aults*.

104. Stellungserscheinungen.

A. Das Rmtsch adoptiert gewisse auffällige Stellungen des SchwD. Statt „So etwas, so ein Haus" kann das SchwD auch sagen: *Oeppis so, e-n Hus so*. Rmtsch: „Er weigerte sich zu tun so etwas" = *El senuspeva de far enzitgei aschia*. „Bei einem solchen Schrecken" = *Vid ina horrur aschia*. „Einen solchen Wirt [*k-n Wirt so*] sollte man haben in jedem Dorf" = *In ustier aschia munglass ins ver* [1]) *en mintga vitg*.

B. Das betonte Satzglied steht im SchwD gerne am Anfang des Satzes, besonders bei Gegensätzen, und zwar kann hier das SchwD weiter gehen, als das Schriftdeutsche. Es klingt im SchwD durchaus nicht gezwungen, wenn man sagt: „Den Frank, ist nicht ausgemacht, dass du bekommst". Und gerade so weit als das SchwD geht auch das Rmtsch. Bsp.: „Einen freien Platz, ist nicht ausgemacht [*g'seit* „gesagt"], dass du bekommst" = *Ina plazza libra ei bucca detg che ti survegnies*. Aus dem Märchen „Die sieben Paar Schuhe" = *La siat pera calzers*: „Erübrigt hatte

---

¹) Für *haver*.

er nicht, dass er hatte zu leben ohne arbeiten und Soldat wollte er nicht mehr sein" = *Savanzau havev' el bucca ch' el haveva da viver senza luvrar, e schuldau volev' el bucca star pli.*

Stilistische Erscheinungen.

105. A. In ältern Rmtsch Schriften treffe ich sehr oft die Erscheinung, dass ein Autor das SchwD Lehnwort und den gleichbedeutenden einheimischen Ausdruck zugleich verwendet. Bsp.: „Eifer" = *Zel e ifer.* „Strafen" = *Strofs e cistigs.* „Zum Nutzen" = *Per etel*[1]) *et nez.*

B. Im Gegensatz zu den Bestrebungen der Puristen verwenden hie und da Autoren recht viel oder recht auffälliges Lehnmaterial, zum Zwecke eine komische Wirkung hervorzubringen. So braucht Tuor in seinem Drama „Die Franzosen in Somvix" = *Ils Franzos a Sumvitg* mehrere SchwD Komposita mit -*Werch*, Komposita, die selbst im SchwD einen altertümlich-derben Eindruck machen. „Es ist ein Lumpenzeug [*Lumpe-n-werch*] von oben bis unten" = *Gl' ei in lumpawerk da sum entoca dem.* „Viele sollte man stecken ins Zuchthaus" [*Schelle-n-werch*] = *Biars duess ins metter giul*[2]) *schellawerk.* „Aber unsere Obrigkeit ist selbst ein Vagabundenpack" [*Kesslerwerch*] = *Mo nies oberkeit ei sez in kesslerwerk.*

---

[1]) Vom lat. *utile.*
[2]) *giul* = *giu* | *en* | *il* „hinunter, nach Chur hinunter, in das".

www.ingramcontent.com/pod-product-compliance
Lightning Source LLC
Chambersburg PA
CBHW031223230426
43667CB00009BA/1450